AF281276

MUJERES EN LA ARQUITECTURA

historia de un silencio, voces de la contemporaneidad

Ana del Cid Mendoza
Marta Rodríguez Iturriaga
María Zurita Elizalde
(eds.)

MUJERES EN LA ARQUITECTURA

historia de un silencio, voces de la contemporaneidad

GRANADA 2023

© Los autores
© Universidad de Granada
  ISBN: 978-84-338-7316-3.
  Depósito legal: Gr. 1782-2023.

Edita:
Editorial Universidad de Granada.
Campus Universitario de Cartuja
Colegio Máximo, s.n., 18071, Granada
Telf.: 958 243930-246220
www: editorial.ugr.es

Revisión ortotipográfica, maquetación y cubierta: Ana del Cid Mendoza, Marta Rodríguez Iturriaga,
María Zurita Elizalde

Imprime: Imprenta Comercial. Motril

Printed in Spain   *Impreso en España*

Índice

Ana del Cid Mendoza, *in memoriam*

MARTA RODRÍGUEZ ITURRIAGA, MARÍA ZURITA ELIZALDE

ESTE LIBRO ES FRUTO DEL EMPEÑO Y ESFUERZO de una investigadora y compañera ejemplar que, desgraciadamente, no pudo verlo terminado. Ana del Cid Mendoza (Granada, 1981), arquitecta y profesora ayudante doctora en la Universidad de Granada, nos dejó la madrugada del 3 de agosto de 2024, tras una infatigable lucha contra la terrible enfermedad que puso en pausa su vida, su carrera y sus sueños.

Ana realizó una brillante tesis doctoral sobre cartografía e historia urbana en Granada y Nueva York (2015) y fue galardonada con el prestigioso Ristow Prize for Academic Achievement in the History of Cartography (2016). Llevó a cabo estancias de investigación predoctorales tanto en Nueva York como en Roma. Tras la lectura de la tesis, realizó, de nuevo en Roma, una estancia de investigación posdoctoral de dos años, obtenida en reñida convocatoria competitiva. Al término de la misma, obtuvo un contrato posdoctoral, financiado por el PAIDI de la Junta de Andalucía, que versaba sobre mujeres arquitectas. En 2022 y asociada a dicho proyecto, tuvo la generosidad de proponernos esta aventura. Aceptamos su invitación sin dudarlo, seguras de que compartir este proyecto con ella nos depararía tanto aprendizaje como crecimiento personal.

Por espacio de un año trabajamos codo con codo con Ana en diversas iniciativas académicas de componente investigadora, docente y de transferencia social, cuyo fin era dar a conocer el papel de la mujer en la construcción de espacios a través de la historia. Durante ese tiempo tuvimos ocasión de admirar su tesón, su disciplina, su capacidad de gestión y su amor por las cosas bien hechas. Ana estaba atenta a todos los detalles y a todas las personas, y prueba de ello es el rotundo éxito cosechado en cada una de las actividades en las que decidía implicarse.

La culminación de aquel proyecto consistía en la edición de un libro sobre el papel de la mujer en el ámbito de la arquitectura: una cuidadosa selección de textos, a solicitar a especialistas de reconocido prestigio, que incluyese también nuestras propias reflexiones sobre el tema a partir de aquellas lecciones magistrales. Ana continuó liderando esta tarea con diligencia excepcional mientras las fuerzas se lo permitieron. Su compromiso fue total hasta el último momento, dejándonos impresionadas su capacidad de trabajo, su sentido de la responsabilidad y su determinación. Tomamos el testigo procurando ser fieles al espíritu original de la publicación y volcar en ella todo lo que de Ana aprendimos. Nos entristece enormemente que no pudiera ver publicado el resultado del que fue, por desgracia, su último proyecto y sobre el cual ya albergaba ideas de continuidad, que se habrían traducido sin duda en contribuciones académicas de alto valor. Confiamos, al menos, en que su voz y su legado estén presentes en estas páginas. Ella es ya, también, otra de esas «mujeres en la arquitectura», luchadoras incansables, a las que rinde homenaje esta publicación.

Prefacio

ANA DEL CID MENDOZA, MARTA RODRÍGUEZ ITURRIAGA,
MARÍA ZURITA ELIZALDE

Aunque en las últimas décadas el papel de la mujer en la historia y en la práctica de la arquitectura contemporánea viene siendo crecientemente visibilizado, el número de referentes femeninos que manejan tanto el estudiantado como los profesionales del sector sigue siendo marcadamente escaso. Este hecho contrasta con una realidad incuestionable: la continuada tendencia al alza en el número de egresadas y de alumnas de nuevo ingreso en los estudios de Arquitectura[1]. Si bien es cierto que la estructura social y los estereotipos culturales no han favorecido históricamente el mismo tipo de participación de hombres y mujeres en la construcción de espacios, también lo es el hecho de que las aportaciones femeninas en este campo han tendido a quedar invisibilizadas por su diferente carácter o alcance o por su desajuste con los roles de género dominantes. La construcción del relato historiográfico ha pasado frecuentemente por alto las contribuciones realizadas desde las actividades de mecenazgo, encargo, mantenimiento, transformación «desde dentro» o desde prácticas tangenciales como el diseño industrial, el escaparatismo o las artes plásticas, e incluso algunos casos notables de praxis profesional según los cauces preestablecidos. Tampoco la experiencia femenina del espacio construido, en sociedades con unos roles de género marcadamente diferenciados, ha sido objeto de suficientes investigaciones. Este sesgo tiene continuidad hasta nuestros días, pudiendo condicionar el enfoque de los estudios universitarios, las perspectivas laborales y las expectativas de desarrollo profesional de alumnado, egresadas y egresados: baste recordar que, en 43 años de Premios Pritzker, solo seis arquitectas han obtenido este galardón.

---

1. Para el caso de la Universidad de Granada, véase la plataforma interactiva UGR en Cifras (sitio web): https://serinnova.ugr.es/odip/ugr_en_cifras/.

El proyecto editorial *Mujeres en la arquitectura: historia de un silencio, voces de la contemporaneidad* surge como reacción a esta realidad. Desde el entrelazamiento de la arquitectura con los estudios feministas y de género, el propósito de la publicación es visibilizar y difundir la participación continuada y activa de las mujeres en el ámbito de la arquitectura a través de las múltiples facetas que a lo largo de la historia han podido desarrollar, desde el ejercicio de la profesión hasta la «mera» acción de habitar. Se pretende, por un lado, cuestionar los relatos canónicos de la historia de la arquitectura, proporcionando tanto metodologías para superar sus limitaciones como ejemplos valiosos de actuación femenina, y asentando la premisa de que la definición y configuración del espacio no ha sido nunca un ámbito exclusivo de los hombres. Por otro lado, se persigue reflexionar sobre el papel de las mujeres en el panorama arquitectónico actual, rompiendo con la tendencia heredada de invisibilizarlas y ampliando el repertorio de referentes históricos y contemporáneos para las arquitectas y los arquitectos de hoy.

El planteamiento del libro fue concebido en estrecha relación con el proyecto de investigación «Arquitectas en Andalucía: el papel de las mujeres en la profesión y la enseñanza de la arquitectura en el marco andaluz», que entonces desarrollaba la editora principal de la publicación, Ana del Cid Mendoza, mediante un contrato posdoctoral en el marco del programa de ayudas a la I+D+i del PAIDI 2020 de la Junta de Andalucía. El proyecto ha obtenido el inestimable apoyo de la prestigiosa Editorial Universidad de Granada, cuyo respaldo ha sido un factor clave para que esta iniciativa llegase a término con éxito, y desde estas páginas deseamos trasladarle nuestro más sincero agradecimiento; un agradecimiento que hacemos igualmente extensivo a quienes, con sus magníficos textos, han participado en esta obra compilada. La generosidad de Marta Llorente Díaz, Carmen Espegel Alonso, Juan Calatrava, Hilde Heynen y Lucía C. Pérez-Moreno, su esfuerzo y compromiso con este proyecto permiten hoy la publicación del presente volumen.

El libro se organiza en cuatro lecciones magistrales y un capítulo final de conclusiones a cargo de las editoras. Abre el volumen el texto «La casa: sueño, refugio y encierro para las mujeres» de Marta Llorente Díaz, catedrática de la Universitat Politècnica de Catalunya, que explora los vínculos que las mujeres han mantenido con sus casas a lo largo de la historia. El capítulo es una invitación a reflexionar sobre las relaciones de lo doméstico con lo femenino; relaciones que han oscilado y oscilan entre la opresión y la anhelada realización personal. La autora se vale de ejemplos desde la prehistoria hasta nuestros días para subrayar el papel trascendental de la casa como espacio modelador del pensamiento y el comportamiento humanos y para reivindicar la importancia de otros modos de intervención en el ámbito doméstico distintos al diseño y construcción de objetos, como las tareas de mantenimiento y cuidado tanto del espacio como de la vida que acoge.

En «Cambios genéticos en la arquitectura de vanguardia. Un salto evolutivo en la concepción del espacio habitable», la catedrática de la Universidad Politécnica de Madrid Carmen Espegel repasa las trayectorias notables de algunas de las mujeres que, a lo largo del siglo XX, realizaron contribuciones decisivas y reconocidas a la evolución de la arquitectura; mujeres que, con o sin formación académica reglada en esta materia, se ocuparon de la experimentación e investigación espacial y aportaron propuestas radicalmente innovadoras. La autora resalta las figuras de las «ingenieras domésticas» americanas Catharine Beecher, Christine Frederick y Lillian Gilbreth, que orientaron sus esfuerzos a la optimización científica del hogar; seguidamente, se detiene en la carrera profesional de Eileen Gray, quien evolucionó del modernismo a la vanguardia moderna –manteniendo siempre una postura crítica muy personal– y abarcó escalas de diseño crecientes, variadas y brillantemente cohesionadas. También repasa la contribución a la arquitectura moderna de Lilly Reich, arquitecta autodidacta especialmente reconocida por sus diseños de exposiciones, interiorismo o mobiliario, y termina resaltando la figura de Lina Bo Bardi, arquitecta ya titulada que, además de integrar escalas y atenciones diversas en sus proyectos con suma habilidad, fue una destacada artista, diseñadora y profesora.

Juan Calatrava, catedrático de la Universidad de Granada y experto, entre otros muchos temas, en historiografía de la arquitectura, aporta la investigación inédita «Arquitectas en la historiografía de la arquitectura contemporánea: crónica de una difícil presencia», en la que realiza un diagnóstico de la presencia femenina en los textos canónicos y más influyentes sobre historia de la arquitectura contemporánea. El texto se centra en aquellas obras de carácter generalista que han intentado trazar una historia global de la arquitectura del siglo XX, desde el libro de Henry-Russell Hitchcock y Philip Johnson *The International Style: Architecture since 1922* hasta *L'Architecture au futur depuis 1889* de Jean-Louis Cohen, pasando por las obras indispensables de Sigfried Giedion, Bruno Zevi, Reyner Banham, Leonardo Benevolo o Kenneth Frampton, entre otros. El autor señala la necesidad de aunar la revisión historiográfica y los estudios de género para analizar la contribución femenina a la arquitectura contemporánea, asumiendo que la realidad social en el pasado –especialmente antes del siglo XX– dificultaba, cuando no imposibilitaba, a las mujeres un desarrollo profesional en este campo.

En el último capítulo del volumen, «Narrando historias sobre mujeres arquitectas. Paradigmas, dilemas y retos», la profesora titular de la Universidad de Zaragoza Lucía C. Pérez-Moreno ofrece, junto a la profesora de la Universidad Católica de Lovaina (KU Leuven) Hilde Heynen, un marco teórico y metodológico útil para abordar la investigación sobre arquitectura y ciudad desde una perspectiva de género. Las autoras definen y distinguen los cuatro paradigmas recurrentes en los estudios sobre mujeres y arquitectura: el pensamiento de la diferencia, el pensamiento de la igualdad, el pensamiento constructivista y el pensamiento interseccional; paradigmas respectivamente identificables con las llamadas «cuatro olas feministas» pero que no constituyen una mera secuencia histórica lineal, sino que aparecen y reaparecen y en ocasiones se solapan. El texto ilustra mediante publicaciones reconocidas las dos posturas historiográficas principales diferenciadas por Gerda Lerner: la «historia de la compensación» y la «historia de la contribución», y analiza de manera crítica las virtudes y debilidades de ambos enfoques, abriendo decisivos interrogantes –sobre la cuestión de la autoría única, sobre la incidencia de las diferencias raciales, de clase social y de orientación sexual en la creación de espacios o sobre la concepción de la arquitectura como producción de objetos de nueva construcción– que evidencian las limitaciones de los relatos historiográficos aún vigentes.

Esperamos que estas cuatro lecciones magistrales y las conclusiones que de su lectura transversal hemos extraído sean de interés general e inviten a afinar los mecanismos de aproximación a la historia y la praxis de la arquitectura desde una mirada crítica, imprescindible para contextualizar, discutir y complementar los discursos canónicos de la disciplina, que han tendido a omitir no solo las narrativas femeninas, sino todo lo que acontece «al margen». Solo nos queda agradecer una vez más la decidida implicación en este proyecto de los participantes en este libro y de la Editorial Universidad de Granada que tuvo a bien acogerlo, otorgando tanto prestigio como visibilidad a nuestro trabajo.

Granada, diciembre de 2023

I

La casa: sueño, refugio y encierro para las mujeres

MARTA LLORENTE

> Las mujeres tenemos todavía mucho que pensar y dar que pensar
> para salir del lugar de lo no pensado.
> (Celia Amorós, 2005)

Buscaré en estas páginas comprender algunos vínculos que las mujeres han mantenido con sus casas, como lugares centrales de su vida. No se trata de ensalzar a las pioneras de la arquitectura, a heroínas, mujeres que emergen del silencio habitual que cubre sus figuras en el pasado. Se trata de verlas justamente en ese lugar vital que es la casa, detrás del velo que las ha ocultado y que las oculta todavía en el presente. Hablaremos de mujeres que han encontrado la plenitud en los interiores de esas casas donde también han sufrido, pero, sobre todo, donde han amado y han disfrutado de la compañía, donde acaso han encontrado la soledad deseada. Trataré de motivar un pensamiento que las haga salir, a todas ellas, por un momento, de ese lugar siniestro que es el de lo «no pensado», en palabras de Celia Amorós.

La casa es el origen de toda arquitectura. Los estudios contemporáneos de arqueología han descubierto y revalorizado algunos signos de ocupación del espacio en la prehistoria que indican la existencia de casas, cabañas, chozas. Estructuras de hábitat que son contemporáneas a las primeras señales de actividad del género humano, desde sus más remotos ancestros. El prehistoriador y lingüista André Leroi-Gourhan dio un giro a los estudios del hábitat ancestral, realizando levantamientos de suelos en los que se ponía en valor la huella, el cerco que dejaron en torno a las cabañas prehistóricas los restos de materiales, piedras, o desechos de unas vidas pasadas que transcurrieron en estas estructuras ya desaparecidas (fig. 1).

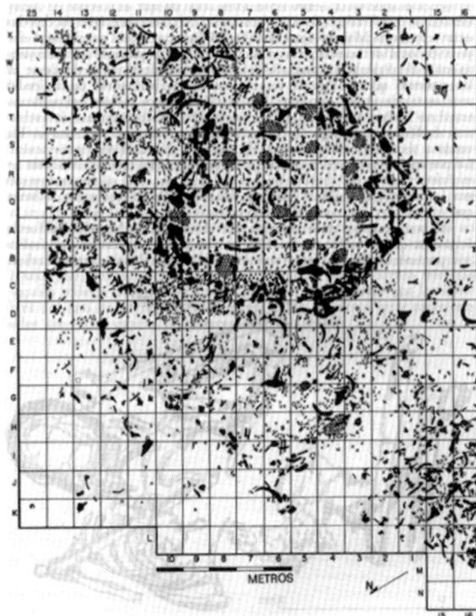

Figura 1. Restos de casa musteriense, yacimiento Molodova I (valle del Dniéster, sur de Rusia), 40.000 años; según A. Leroi-Gourhan.

Estos levantamientos son elocuentes: hablan acerca del paso de la vida por los extensos territorios de un mundo apenas construido. Más elocuentes que las construcciones monumentales a las que se ha dado siempre mayor relevancia. La pregunta, en este enfoque, se desplaza desde los grandes hitos, santuarios, cavernas y monumentos funerarios, a los lugares del hábitat y a los modos de vida. Estas huellas de casas primigenias, así como algunas representaciones que de ellas se han guardado en las pinturas de cuevas, no nos conducen a la idea de una arquitectura excepcional, sino a la más común, a la arquitectura que da cobijo a la vida humana, que permite que imaginemos escenas cotidianas que se desarrollan en su interior desde hace milenios.

Espacios donde las mujeres tuvieron un papel, que, sin duda, fue fundamental, tanto para las tareas de su construcción como para las de adecuación y mantenimiento.

La prehistoriadora Encarna Sanahuja, de manera innovadora, situándose en contra de los hábitos académicos propios de su ámbito, quiso dedicar mayor atención, en sus estudios sobre el Neolítico, a la hipótesis de la necesaria conservación del hábitat, que hace posible que las estructuras sigan siendo habitables. El mantenimiento de estas estructuras se alarga en periodos de tiempo muy dilatados que suceden a la construcción o a la elección de los lugares. En la reconstrucción de las tareas de mantenimiento, Sanahuja veía la participación imprescindible de las mujeres.

Quizá la historia de la arquitectura ha de dar más importancia a los lugares destinados a la vida y a su mantenimiento, donde es posible imaginar mejor la presencia de las mujeres, sus acciones colectivas, sus horas de intimidad. Porque la vida de las mujeres está y ha estado vinculada de manera central al ámbito de la casa. Hay que recordarlo sin desconsiderar su relación con el espacio social y público. Vivir en casas nos hace humanos, como especie. La casa es un hecho anterior a la creación de sociedades estables que dieron lugar a espacios comunes, poblados o ciudades. La casa es la piedra angular de la vida. Haber estado cerca de la casa y haberla deseado, habilitado, mantenido es parte de la historia que vincula a las mujeres con la arquitectura.

Pero poco sabemos de esas casas prehistóricas y de las vidas que acogieron y se hace preciso esperar a lo que dicen los textos literarios acerca de la vida cotidiana, para abrir las puertas de algunas de las casas que guardan las escenas del pasado. Paradójicamente, las primeras noticias literarias nos informan antes del sufrimiento de las mujeres, de la violencia que se ha ejercido contra ellas y por motivo de ellas, que de sus deseos y proyectos. La literatura arcaica es útil para considerar el aspecto más doloroso y negativo de la vida doméstica que afecta en especial a las mujeres: la violencia que se ha ejercido de modo constante sobre sus cuerpos. Una violencia activa y desgraciadamente presente siempre. Una forma de violencia que hoy parece arreciar y es noticia rutinaria en nuestro país, que se precia de civilizado. Los sucesos de violencia afectan a la vida doméstica, ocurren en interior de las casas.

Hacia 2002 empecé a colaborar en un seminario interdisciplinar que lideraban Montserrat Moreno y Genoveva Sastre en la Facultad de Psicología de la Universidad de Barcelona, en el Departamento de Psicología Básica, y en torno a dos proyectos de investigación básica relacionados con la violencia de género: «Detección y prevención de la violencia contra las mujeres» (2005-2007) y «Conflictos interpersonales, su resolución y significado cognitivo-afectivo» (2004-2007).

A partir de estos trabajos, inicié un estudio más preciso de los rituales siniestros que se desarrollan dentro de los espacios, en los casos de violencia de género —«machista», como se llama ya sin rodeos— propuestos en el seminario. Este tipo de análisis, centrado en casos reales de violencia y agresión física y mental hacia las mujeres, hacía visible una situación extrema de privación de libertad, incluso siendo ellas las principales responsables del trabajo doméstico. Se ponía en evidencia la escasa libertad que algunas mujeres tienen para reservarse un espacio propio dentro de la casa, un espacio de trabajo y de intimidad, mientras que la mayor parte de los hombres disfrutaban de esas reservas imprescindibles: sus despachos, bibliotecas, salones y lugares de ocio.

En el otro extremo del análisis de la violencia, la privación de espacios propios y el deterioro de la libertad que se expresa en el interior de la casa sirve para reforzar el valor de la propia casa, y apreciar en qué condiciones se puede mejorar la experiencia de las mujeres y tratar los problemas de su aislamiento. La casa debería ser ese espacio de libertad donde realicemos el sueño de ser nosotras mismas, plenamente, con nuestros hábitos intelectuales y nuestros espacios de placer y de descanso, administrados y arreglados a nuestro gusto, para nosotras mismas.

He recordado esta experiencia de colaboración aplicada al tiempo presente, porque ha marcado también mi visión de la vida de las mujeres en las edades pasadas. A partir de este estudio, la historia de los espacios de la arquitectura, de la ciudad y de la casa, se transformó para mí. En esta búsqueda personal del pasado, los documentos más útiles han sido los que pertenecen a la historia literaria. En los textos literarios se guardan emociones que son imprescindibles para recomponer las historias más ocultas, las que apenas dejan rastro físico y material, como las que conciernen a las mujeres.

Voy a rescatar aquí alguna de estas figuras del pasado a través de la literatura. Empezaremos por una espeluznante maldición dirigida a una mujer de la *Epopeya de Gilgamesh.* El contexto es el de las culturas antiguas de Mesopotamia que fueron destilando durante casi tres milenios un extenso surtido de expresiones que delimitan el espacio habitado. Desde su lejanía, estos textos nos dictan qué forma de experiencia, en el marco del hábitat, gratificó a aquellos hombres y mujeres y fue amable para la vida, porque fue expresión de sus deseos. Informan también del signo negativo que daban a los lugares del infortunio y de la violencia.

Las palabras que cito van dirigidas a una cortesana, están recogidas en la versión asiria de la *Epopeya de Gilgamesh,* redactada a principios del primer milenio a. C., aunque sus primeras versiones datan de más de un milenio anterior. El nombre de la cortesana es Shámkhat, y las palabras son pronunciadas por su amante Enkidu:

Que jamás construyas un hogar dichoso,
que nunca ames a los jóvenes llenos de vida,
que jamás frecuentes el lugar donde festejan las doncellas,
que la hez de la cerveza manche tu hermoso seno,
que el borracho con sus vómitos manche tu vestido de fiesta,
que tu hombre prefiera bellas y alegres mujeres,
que se te golpee como la masa de arcilla del alfarero,
que no recibas alabastro jaspeado para tus ungüentos,
que tus jueces te arruinen (…),

que la brillante plata, riqueza de las gentes, no sea vertida en tu casa,
que el mejor de tus lugares de placer sea el hueco de tu puerta,
que el cruce de los caminos sea tu morada,
que el despoblado sea el lugar donde te acuestes,
que la sombra de las murallas sea tu lugar,
que las espinas y los abrojos despellejen tus pies,
que el borracho y el ebrio te den bofetadas,
que tu taberna eche a la calle a los jóvenes (…),
que se te trate a gritos, si estás en compañía,
que no haya albañil que repare el techo de tu casa,
que en los agujeros de tu casa anide la lechuza,
que en tu casa no haya nunca un banquete,
[…]
que la entrada en tu regazo desnudo cause la enfermedad,
que la enfermedad que alberga tu regazo desnudo sea tu presente,
porque a mí, el puro, me habías seducido sin saberlo mi esposa.[1]

Las palabras sobrecogen. Son maldiciones lanzadas contra la casa. Así aparece el deseo de que el umbral de la puerta sea el mejor de los lugares de placer de esta mujer, Shámkhat. Este dato habla de una civilización que ya supo valorar los espacios de intimidad, el interior de las casas, donde se lleva a cabo la experiencia plena del placer y del amor.

Susan Sontag recordaba la violencia y el daño causado a los cuerpos en *Ante el dolor de los demás,* parejo al daño ejercido sobre las casas y sobre las estructuras habitadas en las guerras. La casa no es un simple envoltorio del ser humano: es el marco de acción que representa mejor el derecho de individualidad y de plenitud vital. Quien ha sido privado de casa, o dañado en su derecho de habitar la propia casa con dignidad, es un ser maltratado.

La maldición a la mujer en la tradición bíblica, que proviene del mismo tronco de cultura y civilización de la antigua Mesopotamia, tiene una presencia constante. Los textos bíblicos son fuente y fundamento de muchas palabras tejidas en la tradición judeo-cristiana como una red de desprecio que aprisionan el cuerpo y el ser de la mujer. Aunque las alusiones al espacio habitado no estén presentes de una forma tangible, son frecuentes, en las historias bíblicas, las prohibiciones hechas a la mujer: prohibición de atravesar puertas, de ocupar espacios, de contemplar la ciudad que se abandona. Abundan las expulsiones fulminantes, como el castigo del exilio, después de haber transgredido las normas: desde Eva hasta la mujer de Lot.

---

1. *Poema de Gilgamesh,* ed. y trad. por Federico Lara Peinado, 3.ª ed., colección Clásicos del Pensamiento, n.º 45 (Madrid: Tecnos, 1997), tablilla 7, columna 3, vv. 10-30 y 33-35.

Dejando este ámbito arcaico, podemos visitar la literatura de la Grecia antigua. Son significativos los textos de la tragedia ática, tan útiles para estudiar la psicología humana, pero que permiten constatar la frecuencia de expresiones de odio hacia la mujer, maldiciones, deseos de infortunio y mandatos para su sometimiento.

Una de las figuras femeninas más odiadas es Clitemnestra, la esposa infiel que asesina a su esposo Agamenón cuando éste regresa de Troya, de la guerra que ha dejado huellas de sangre en sus manos. En la versión de Esquilo, en la trilogía que conocemos como *Orestíada,* en la primera tragedia de la serie, *Agamenón,* el coro explica en el inicio algunos hechos pasados que condicionan el drama, como el asesinato de Ifigenia, la hija de ambos. A pesar de este hecho horrible, la culpa recae en la mujer, en Clitemnestra —tanto en las versiones de Esquilo como en las de Sófocles–, por haber cometido adulterio durante la ausencia del guerrero, mientras que este último, autor del crimen más horrible, el de su propia hija, tiene derecho a ser vengado por sus otros hijos. La cadena de muertes que desencadena el regreso de Agamenón culmina en el matricidio, en la muerte de la mujer por mano de su hijo, Orestes. En la tragedia que sigue, titulada *Las Coéforas,* se refuerza una y otra vez la idea de que la casa es el lugar donde se debe salvar el honor masculino y que reedificar la casa, el palacio, figuradamente, es cumplir con esta venganza de sangre. Escuchemos las palabras que canta el coro trágico, mientras Orestes comete el matricidio en el interior del palacio, que permanece oculto a los ojos del público:

[Coro:] Interludio 2.º
«¡Ya es posible ver la luz!
¡Ya se han quitado a la casa las fuertes cadenas!
¡Levántate casa!
¡Mucho, demasiado tiempo estuviste postrada en el suelo!»

Antístrofa 2.ª
«Y pronto el tiempo, que todo lo acaba, cruzará el umbral del palacio. Será cuando se expulse del hogar completamente la mancha con los ritos purificadores con que se echa afuera la ruina».[2]

Otras figuras femeninas de los textos trágicos soportan el juicio moral de la sociedad y justifican la venganza que destruye sus cuerpos y termina

---

2. Esquilo, *Las Coéforas,* en *Tragedias,* trad. por Bernardo Perea Morales, Biblioteca Básica Gredos, n.º 4 (Madrid: Gredos, 2000), 216, vv. 962-968.

con sus vidas. Estos textos tan duros con la mujer son especialmente sutiles en muchos aspectos de su poesía: así ocurre en las tragedias de *Antígona,* de Sófocles, y de *Medea,* de Eurípides.

Pero aparecen otras mujeres que son pasivas, temerosas, complacientes, en los ciclos narrativos de Grecia y en las tragedias y comedias. Así son la hermana de Electra, Crisótemis, y la de Antígona, Ismene, ambas en las obras de Sófocles. Estas mujeres que optan por el silencio de los vencidos son interesantes, no parecen idealizadas como las rebeldes que llevan a cabo acciones heroicas, aunque se las juzgue equivocadas, como Antígona y Electra. Estas otras, las hermanas, son aparentemente sumisas, pero considero que son dignas de que las escuchemos también.

Así lo ha hecho el poeta contemporáneo Yannis Ritsos (1909-1990), que, en extensos poemas en forma de monólogos de personajes trágicos, atiende a estas mujeres secundarias, las escucha, les permite hablar y expresarse, dando un giro a sus actitudes pasivas y mostrando el antiheroísmo de sus actos como una forma de sabiduría, de amor a la vida y desprecio por las pasiones inútiles que obligan a sus hermanas a destruirse.

En el poema *Crisótemis,* en el que habla la hermana pequeña de Electra, se hace visible una actitud inteligente —tal vez la única posible—, que contempla cómo las pasiones destruyen los lazos de su familia y tiñen de sangre la casa. Ella no participa, a cambio de cumplir su deseo de vida sosegada. Escuchemos a Crisótemis, según Ritsos:

> Y así, desde mi insignificancia, estaba encantada
>   de ver y oír. Podía
> soñar en libertad. Era hermoso, de verdad,
>   era como vivir
> al margen de la historia, en un espacio mío, intacto
>   e incondicional,
> protegida y, sin embargo, presente.
>   Pasaba horas enteras observando
> el agua estancada en el jarrón con los tallos
>   podridos
> de unas flores olvidadas; —algo aterciopelado
>   y viscoso
> quedaba en el jarrón, se extendía por la estancia, por
>   la casa toda.[3]

3. Yannis Ritsos, *Crisótemis,* trad. del griego por Selma Ancira, colección El Acantilado, n.º 229 (Barcelona: Acantilado, 2011), 9 y 11.

Esta escena, en la que el poeta contemporáneo relee los acontecimientos trágicos, recrea una realidad muy común en la vida de las mujeres: muchas también han encontrado formas de felicidad asociadas a la calma de la casa, protegidas de la exclusión, del desprecio que soportan. Ellas deciden eludir el destino heroico con la valentía de quienes optan por escoger la vida. No son cobardes, simplemente se guardan de entrar en un conflicto de voluntades inflexibles, no producen violencia, sino que tratan de evitarla.

Figura 2. Escena de boda; decoración sobre epínetro, pintor de Eretria, finales del siglo V a. C. Fuente: Museo Nacional Arqueológico de Atenas.

El espacio de este texto es insuficiente para transitar por un camino continuo, una historia completa de la relación entre las mujeres y sus casas. A partir de aquí, haremos solo algunas paradas simbólicas que nos permitan ver estos vínculos en distintas situaciones de una historia que conduce al presente.

Podríamos seguir así mostrando algunas representaciones medievales de la mujer: imágenes como la de la figura de Santa Bárbara, encerrada por su padre en una torre, patrona de la arquitectura. En pinturas tardías, en el otoño medieval, esta figura permite entrever a algunas mujeres cultas, que leen, que dedicaron su vida al estudio. Santa Bárbara, en la pintura de Robert Campin, de 1438, parece confortada en el encierro de su estudio, un lugar muy común en las representaciones de figuras masculinas, que compartieron pocas mujeres sabias y religiosas (fig. 3 izda.).

Un espacio de estudio en el que transcurrió la vida de mujeres muy notables, como Hildegard von Bingen (1098-1179), abadesa y fundadora del

Figura 3. [Izda.] Christine de Pizan en su escritórium, ca. 1414. Fuente: British Library, Londres. [Dcha.] Robert Campin, *Santa Bárbara,* 1438. Fuente: Museo del Prado, Madrid.

monasterio de Rupertsberg, y como Christine de Pizan (1373-1431), la autora de *La Ciudad de las Damas,* de 1405, a quien vemos bien instalada en su escritórium, sola o en compañía (fig. 3 dcha.). Desde luego, la libertad que aquellas mujeres cultas pudieron gozar fue menor que la que disfrutaron los monjes, viviendo en comunidades y excepcionalmente en casas privadas con una buena posición en la sociedad.

Mucho más desdichada fue Eloísa, la amante de Abelardo, que terminó su vida en un convento, pero cuya historia empieza en la casa familiar donde sufrió la censura paterna y el castigo de la reclusión forzosa. Las cartas de amor que la tradición le atribuye, restauradas o quizá redactadas por otras manos después de su muerte, son piezas clave de la literatura femenina y merecen ser leídas, a pesar de su dudosa atribución: devuelven la opresión que los muros y los espacios han impuesto a la vida de las mujeres de aquella época.

De esas prohibiciones que las paredes de las casas impusieron a las mujeres nos hablan algunos cuentos recogidos y redactados por otra mujer sabia: María de Francia, que vivió en la Inglaterra de finales del siglo XII. Una de las historias, «El ruiseñor»[4], nos sitúa en las casas burguesas del renacimiento

---

4. María de Francia, «El ruiseñor», en *Lais,* ed. y trad. del francés por Luis Alberto de Cuenca, colección Narrativa del Acantilado, n.º 287 (Barcelona: Acantilado, 2017), 95-98.

urbano medieval y habla de la reclusión doméstica impuesta a una mujer que aprovecha las ausencias de su marido para establecer una relación adúltera con un vecino. La historia es trágica y su final, que conocerá quien la lea, refuerza esa idea de la casa como una propiedad patriarcal donde la mujer debe ceñirse a las leyes que el varón impone o atenerse al castigo.

Esta podría ser la forma de vida reservada a mujeres que se debían al matrimonio, dando hijos para mantener la descendencia de los varones y guardando su honor. Vidas que han quedado ocultas y silenciadas para la memoria de los tiempos. Y que no difieren demasiado de muchas vidas de mujeres en el mundo actual.

El encierro propio de la casa medieval parece haber persistido en algunos espacios del mundo islámico, donde es vigente un patriarcado que controla y somete la libertad de las mujeres. Ellas no pueden escapar en estos casos de las normas que imponen límites a sus movimientos en el espacio público y dentro de los límites de la casa.

En las casas, se les reservó en el pasado un lugar concreto, el gineceo, las habitaciones propias de las mujeres: doble confinamiento, dentro de los muros que separan la casa de la ciudad y dentro de la propia casa. Estas casas, que en todo el marco del Mediterráneo han subsistido con una organización semejante, desde la extensión del imperio de Roma hasta la Edad Media, todavía hoy las podemos encontrar en ciudades antiguas de origen islámico. Son casas volcadas sobre el interior, muy bien protegidas de las calles de la ciudad y del clima caluroso. En estas casas, los espacios de las mujeres se encuentran con frecuencia en las salas altas que rodean los patios, apartadas de los lugares centrales donde se da la representación simbólica de la familia –del *harén,* en términos de ese espacio que para el islam es sagrado, íntimo y excepcionalmente protegido–. Desde allí pueden observar el mundo de la casa, protegidas detrás de las celosías. Su función es la de ver sin ser vistas, desde donde verán pasar las horas del día, sin formar parte de las escenas centrales de esa casa introvertida y protectora.

Una de estas casas permite que saltemos en el tiempo y nos acerquemos a nuestra época: es la casa de la infancia de la escritora magrebí Fatema Mernissi, en la medina de Fez, descrita en ese libro único que es *Sueños en el umbral. Memorias de una niña del harén.* Es interesante el modo en que Mernissi recuerda cómo aprendió las leyes relativas al espacio, sus prohibiciones y limitaciones, sin recibir mensajes explícitos: una topología que se transmitía a través de los usos y de los silencios, pero que suponía una ley férrea, cuya transgresión comportaba riesgo. La autora explicaba cómo el patio era uno de los únicos lugares abiertos al cielo donde podía pasar las horas y contemplarlo. Un espacio que subrayaba el carácter opresor de la casa:

Contemplar el cielo desde el patio era una experiencia abrumadora. Al principio parecía domesticado a causa de aquel marco cuadrado hecho por la mano del hombre. Pero luego, el movimiento del lucero del alba, que se desvanecía lentamente en el profundo azul y blanco, se hacía tan intenso que mareaba. En realidad, algunos días, sobre todo en invierno, cuando los rayos del sol color púrpura y rosa intenso expulsaban del cielo las últimas estrellas que titilaban tercamente, una podría quedarse hipnotizada.

Vivir horas y horas dentro de los confines de una casa, aunque esa casa sea protectora, es una condena que solo estimula el ansia insatisfecha de libertad. Por eso Fatema Mernissi recuerda la pasión que despertaba en ella la visión de la ciudad desde la terraza:

Claro que, si se subía como una flecha a la terraza, podía verse que el cielo era más grande que la casa, más grande que todo, pero desde el patio, la naturaleza era insignificante. Había sido sustituida por los motivos geométricos y florales de los azulejos, la carpintería y el estuco. Las únicas flores de impresionante belleza que había en la casa eran las de los coloridos brocados que cubrían los asientos y las de los cortinajes de seda bordada que protegían puertas y ventanas. Si alguien quería protegerse de aquella geometría, era imposible que abriese la contraventana para mirar fuera. Todas las ventanas se abrían hacia el patio, ninguna daba a la calle.

Algunas mujeres de la casa se revelaban contra su encierro y se deleitaban bordando pájaros que tenían bellas alas y que secretamente representaban sus deseos de libertad. En la casa vivía una mujer que tenía sus habitaciones en la parte más alta de la casa, cerca de las terrazas superiores, la tía Habiba, una hermana del patriarca, repudiada en su matrimonio y acogida por su familia. Ella infundió el espíritu de libertad de la niña que fue Fatema:

La libertad de recorrer las calles a su antojo era el sueño de cada mujer. En ocasiones señaladas, tía Habiba solía relatar su cuento más celebrado, trataba de la mujer con alas, una mujer que podía irse volando del patio cuando le venía en gana.[5]

---

5. Fatema Mernissi, *Sueños en el umbral. Memorias de una niña del harén,* trad. por Ángela Pérez, 7.ª ed., colección Los Narradores (Barcelona: El Aleph, 2003), las citas son de las páginas 14 y 73.

La posición de las mujeres en las casas es ambigua. En parte, han sentido sus muros como una limitación, pero también han gozado de su protección y se han podido escapar de otras formas de vida volcadas a la imagen social, que muchos hombres han de mantener a costa de su felicidad. Las fotografías y representaciones contemporáneas de las mujeres en sus espacios privados hablan de ambas situaciones: algunas tareas que apenas realizamos en el mundo moderno, como la costura en soledad o compañía, o la lectura que las mujeres practican por encima de los varones desde el siglo XIX, constituyen nuestros mejores recuerdos. Nuestra entrada de pleno en el mundo laboral termina con la libertad que nos han dado estas vivencias, porque nuestro tiempo libre se ha hecho más escaso que el de los hombres, en general, ya que lo dedicamos ahora a muchas actividades no siempre compatibles. Tenemos menores salarios, jornadas dobles de dedicación, a la casa y al trabajo, y no podemos elegir siempre: seguramente no es la vida que hemos imaginado. En realidad, sobre los buenos momentos de la vida en la casa, ha prevalecido para muchas mujeres la angustia de vivir en un encierro no deseado y la urgencia de desarrollar un papel en la sociedad, con todas las dificultades.

A pesar de estas contradicciones, estoy segura de que la vida pública ha debido ser el deseo de muchas mujeres que nos preceden, especialmente si tuvieron la preparación que les hubiera podido permitir disfrutar de mayor libertad en el espacio público, en el ámbito de la producción y del saber. En el siglo XIX, todavía las imágenes más frecuentes en las representaciones cotidianas muestran a las mujeres ociosas en los interiores de las casas, o dedicadas al aderezo personal –otra fuente de tensión para muchas mujeres–, y pocas veces dedicadas a actividades que ya eran muy comunes, como la lectura y la escritura[6]. Algunas pinturas del siglo XIX transmiten esa melancolía de un ocio forzado: la amargura de no haber podido tener una profesión, una disciplina científica o una obra artística, aun habiéndolo deseado (fig. 4).

Carmen Baroja (1883-1950), hermana del escritor Pío Baroja y madre del antropólogo Julio Caro Baroja, escribió durante años apuntes y diarios de su vida. Ahora han sido recuperados por Amparo Hurtado por encargo su hijo (fig. 5). Las palabras de Carmen Baroja reflejan con amargura la disconformidad con una vida gastada en contra de su deseo de conocimiento. Lamenta no haber podido desarrollar mejor su vocación de artesana, ni participar plenamente en la vida artística y política de su generación, la llamada

---

6. Stefan Bollmann, *Las mujeres, que leen, son peligrosas,* trad. por Ana Deluca Silberberg, con prólogo de Esther Tusquets, 9.ª ed. (Madrid: Maeva, 2017); *Las mujeres que escriben «también» son peligrosas,* trad. por Ana Deluca Silberberg, con prólogo de Esther Tusquets, 4.ª ed. (Madrid: Maeva, 2017).

Figura 4. Adolph von Menzel, *Emilia en la sala de estar (Wohnzimmer mit Menzels Schwester)*, 1847. Fuente: Neue Pinakothek, Múnich.

Figura 5. Portada del libro *Recuerdos de una mujer de la generación del 98,* de Carmen Baroja y Nessi (Barcelona: Tusquets, 1998).

«del 98». Amparo Hurtado me explicó cómo las casas sucesivas en las que vivió Carmen Baroja le sirvieron para ordenar los papeles de sus memorias. En el recuerdo de las casas donde había vivido, duele sentir la conciencia de las horas de tedio, la comparación que ella se hacía con la vida de sus hermanos, el escritor y el pintor, y de su marido, reconocidos todos ellos por sus actividades.

En las memorias de Carmen Baroja se abren paso las tardes vacías, las horas se suceden detrás de las ventanas, mientras se sometía a la obligación de servir en las tareas de la casa de las que se libraban sus hermanos.

Más desolador es reconocer el lapso de tiempo que parece transcurrir en silencio: unos años vacíos, que corresponden al nacimiento de sus cuatro hijos y a la muerte de dos de ellos. Años en los que declara la incapacidad de seguir escribiendo, y deja entrever el dolor de esas experiencias tan propias de las mujeres de las generaciones que nos preceden[7].

La mortalidad infantil fue muy alta hasta mediar el siglo XX, tiempo a partir del cual el desarrollo de las vacunas, los antibióticos y los cuidados posnatales alcanzaron un estado más semejante al que podemos conocer ahora en el mundo desarrollado. Igualmente, la mortalidad infantil y los problemas asociados al parto en las mujeres representan todavía importantes carencias en muchos lugares del planeta donde este peso recae de forma abrumadora sobre las mujeres. Esta es otra historia que podríamos empezar a contar sin ambigüedades.

Pero regreso a esas imágenes de tedio, del dolor de no poder acceder a una vida soñada y plena, porque ese dolor es el que he conocido en las mujeres de mi familia que me preceden, en mi abuela y en mi madre, que, disponiendo incluso de cultura y educación, tuvieron que enfrentarse al sentimiento de no poder ejercer sus capacidades. Como ellas, muchas mujeres se resignaron a permanecer en sus casas, aguantando el peso de las tareas domésticas, invisibles para los demás.

Hace tiempo, en 1982, leí un artículo de Gabriel García Márquez que se titulaba «Las esposas felices se suicidan a las seis»[8]. Revisado ahora, su contenido no representa la imagen que de las mujeres podemos tener en el presente. Igualmente, por doloroso que sea, ofrece un cierto retrato de la

---

7. Carmen Baroja y Nessi, *Recuerdos de una mujer de la generación del 98*, prólogo, edición y notas de Amparo Hurtado, colección Andanzas, n.º 354 (Barcelona: Tusquets, 1998).

8. Gabriel García Márquez, «Las esposas felices se suicidan a las seis», Tribuna, *El País*, 24 de febrero de 1982.

vida de algunas mujeres de clase acomodada, educadas para el matrimonio y la procreación de hijos, con suficientes medios económicos, que terminan sintiéndose desqueridas, ociosas, cuando los hijos abandonan el hogar, hundidas en la inutilidad.

Este texto me obligó a pensar, durante muchos años, en el tedio forzoso, en el sentimiento de arrinconamiento que en muchas vidas de mujeres sucede a sus periodos de máxima actividad, cuando se deja atrás el cuidado de los hijos, los años de dar a luz o de fundar las bases de una casa habitada. Y, sobre todo, advierte del suicidio por acedia o abatimiento de unas mujeres ahogadas, hartas de no encontrar algo que justifique su vida. La escena doméstica que imaginamos en estos casos transmite un dolor callado y sordo que llega desde el interior de la casa, atraviesa los muros y salta desde las ventanas iluminadas que se abren a las calles de las ciudades.

La casa recibe las huellas de la vida. En su interior quedan grabadas las actividades, las aficiones, los sueños y los fracasos. El orden y el desorden marcan los pulsos vitales, ritmos que pasan desapercibidos para la vida pública, que resultan ignorados. Los objetos que adquirimos para adecuar el espacio a nuestros usos son testigos mudos de esas vivencias, incluso cuando ya han desaparecido sus habitantes. Las casas son biografías. Vaciar una casa —como hemos hecho al enfrentarnos al final de la vida de nuestros padres— desvela estos afectos, pasiones y renuncias. Y las casas hablan más de las mujeres que de los hombres, en la medida en que ellas han asumido casi siempre la responsabilidad de los cuidados y del mantenimiento de sus espacios.

Pero no todas las actividades y vivencias dejan huella, existe una forma de actividad doméstica aún más ingrata: la que repara cada día el desgaste del día anterior. A esa actividad, Hannah Arendt, en *La condición humana,* le asignó el término de *labor,* para diferenciarla del *trabajo,* es decir, de las actividades productivas que dejan tras de sí objetos o estructuras que pueden permanecer por tiempo. Esta es la definición de la *labor* que da Arendt:

> La lucha diaria entablada por el cuerpo humano para mantener limpio el mundo e impedir su decaimiento guarda poca semejanza con los actos heroicos; el sufrimiento necesario para reparar cotidianamente el derroche del día anterior no es valor, y lo que hace penoso el esfuerzo no es el peligro, sino su inexorable repetición.[9]

---

9. Hannah Arendt, *La condición humana,* trad. por Ramón Gil Novales, introducción de Manuel Cruz, colección Surcos, n.º 15 (Barcelona-Buenos Aires-México: Paidós, 2005), 121.

Figura 6. [Izda.] Portada del libro *On Lies, Secrets, and Silence: Selected Prose 1966-1978,* de Adrienne Rich (1979; Nueva York-Londres: W. W. Norton, 1995). [Dcha.] Portada de la edición española, *Sobre mentiras, secretos y silencios,* traducción de Margarita Dalton Palomo (Madrid: Horas y Horas, 2011).

La distinción es esencial para diferenciar las tareas que han acostumbrado a realizar las mujeres –ella no lo señala–. Cuesta creer que este tipo de actividad no hubiera sido mejor descrito antes, en los grandes textos de la filosofía económica, como observa la propia Arendt. Pero este enunciado ha recibido críticas por parte del pensamiento feminista, justamente porque la «labor» queda apartada de las obras centrales de la cultura, porque queda al margen de la producción que interesa a las sociedades contemporáneas. Por ello, la poeta y escritora feminista Adrienne Rich critica esta ausencia de atención a la «labor», y critica que Hannah Arendt silencie el hecho de que esta sea o haya sido la principal tarea de las mujeres (fig. 6). Rich describe con minuciosa atención la dolorosa falta de heroísmo o de valor de ciertas actividades que han llenado muchas horas en nuestras vidas de mujeres y nos hace sentir el peso de esas tareas que probablemente conocemos muy bien:

> Hannah Arendt no dice que este [la labor] sea «trabajo de mujer». Y, sin embargo, es esta actividad de proteger al mundo, de conservar al mundo, de reparar al mundo –los millones de diminutas puntadas, el fregar y restregar los pisos con el cepillo y la bayeta, el lavado de las ropas, el planchar, el restregar la tela contra sí misma para quitar las manchas, el sacar el brillo a la olla chamuscada, al cuchillo oxidado, el zurcido invisible de lo desgastado y raído de la vida de familia, la limpieza del suelo y la recogida de la basura que dejan detrás de sí los hombres y

los niños– todo esto que nos han encargado hacer «por amor», no es solamente trabajo no pagado, sino que además no es ni siquiera reconocido por como tal por los filósofos políticos.[10]

Llegando a este punto, nos acechan sentimientos de fracaso por haber derrochado nuestras fuerzas, en concreto en el mantenimiento de la casa, desde el principio de los tiempos. Y esta emoción se vuelve un poco en contra nuestra, en contra de nuestra memoria, y nos dificulta encontrar el hilo de otros argumentos que defiendan el derecho a vivir con libertad y sosiego, en nuestras casas. Este esfuerzo está en los recuerdos de ver trabajar a nuestras abuelas y a nuestras madres, aunque todas queremos para nuestras hijas un destino distinto, y que su vida en la casa sea toda suya, y no un confinamiento. Seguramente hay luces y sombras en los ejemplos propuestos y podemos encontrar formas de conciliar estos recuerdos de vida, conseguir elaborarlos para escribir nuestro propio destino, sin ocultarnos ya nada, sin engañarnos.

La artista Louise Bourgeois ha construido una serie inquietante de obras que ha llamado «celdas», donde ha ido explorando su memoria familiar más amarga, pero con la valentía de quien considera, como ha dicho, que «el arte es una forma de exorcismo» (fig. 7). También ha dicho que sus recuerdos son sus documentos. De modo tangencial, ha contado en estas obras que transmiten opresión no tanto el recuerdo de haber sido privada de libertad, sino el del desengaño con el que se tuvo que enfrentar a los abusos de su padre. De un hombre que les obligó, a ella y a su madre, a aceptar la convivencia durante años con su amante, que era además su institutriz. Louise Bourgeois parece querer curar, a través de su obra, la herida que esta situación le provocó en el pasado. La casa familiar aparece, en este recuerdo, bajo las mil formas de sus celdas. Ese es el modo en que ella fue capaz de superar y conciliar en parte, al fin, la imagen violenta de su padre y el silencio de su madre.

Este episodio nos devuelve a la casa como ámbito de violencia contenida y silenciada. Justamente en el ámbito en que las mujeres han dedicado más horas, más labores y esfuerzos, más sueños e ilusiones, es donde ha crecido también la violencia. La casa ha sido un sueño truncado para muchas mujeres que han trabajado para los demás, renunciando a su propia felicidad. Esa renuncia ha sido su error. Así lo veríamos al leer la novela *Bajo el volcán*[11], de

---

10. Adrienne Rich, «Condiciones de trabajo: el mundo común de las mujeres», en *Sobre mentiras, secretos y silencios,* trad. por Margarita Dalton Palomo, colección «La cosecha de nuestras madres», n.º 10 (Madrid: Horas y Horas, 2011), 298-299.

11. Malcolm Lowry, *Bajo el volcán,* trad. por Raúl Ortiz y Ortiz, colección Fábula, n.º 128 (Barcelona: Tusquets, 1999).

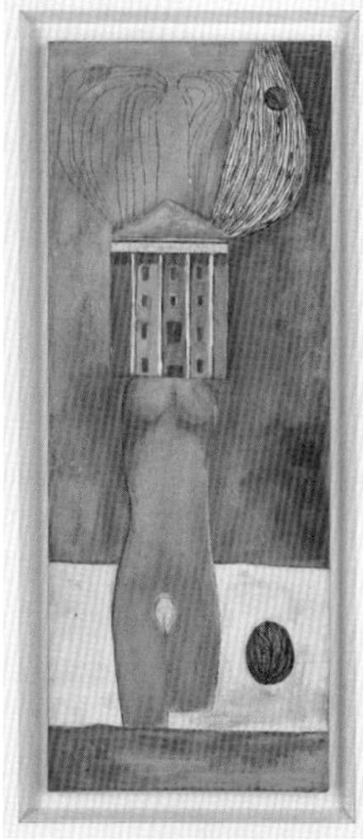

Figura 7. [Izda.] Louise Bourgeois, *Femme Maison,* 1946-1947; óleo y tinta. Fuente: The Museum of Modern Art (MoMA), Nueva York. [Dcha.] Louise Bourgeois, *Celda XXV. Visión del mundo de la esposa celosa,* 2001; instalación, Museo Guggenheim Bilbao. Fuente: *Estructuras de la existencia: las Celdas,* editado por Julienne Lorz, catálogo de exposición (Bilbao: Museo Guggenheim Bilbao; Madrid: La Fábrica, 2016), 223.

Malcolm Lowry, publicada en 1947, donde Yvonne, una mujer, en su último intento de recuperar una vida feliz junto al cónsul (un personaje que podría ser el propio Lowry, un alcohólico confeso), sueña en tener al fin una casa para él, para que se disponga a escribir y abandone sus borracheras. Es una historia de infelicidad no tan extraña a las historias cotidianas de violencia machista que cada año ocurren en nuestro país y en todos los lugares del mundo. Al final, Yvonne verá la imagen de la casa quemada, ardiendo en sus sueños, y con ella arderá toda su esperanza de felicidad.

Quemar los sueños es acaso necesario para reconstruir un mundo y un espacio en el que la mujer pueda también apostar por su felicidad interviniendo en él con la fuerza de su espíritu. Los sueños tienen una enorme fuerza y validez, justamente porque pueden transformar nuestro futuro. Soñar con la casa es el principio necesario para conseguir un espacio propio.

Quiero terminar buscando otras formas de vida y libertad en las casas. Buscar las imágenes de intimidad y de placer que nos regalan las horas de lectura, de trabajo, de estudio, horas que la mayoría de los hombres han disfrutado también en sus casas. Horas que reflejan las fotografías de André Kertész, publicadas en el libro *Leer,* cuyas páginas nos devuelven la calma y el sosiego de las casas en estas horas de lectura que nos acompañan en todas las edades de la vida[12] (fig. 8).

Figura 8. André Kertész, *Leer:* [izda.] Nueva York, 1962; [dcha.] hospicio de Beaune, 1929. Fuente: Kertész, *Leer* (Cáceres: Periférica; Madrid: Errata Naturae, 2016), 23 y 75.

Para terminar, propongo visitar una casa soñada que termina siendo real: una casa propia, una casa para vivir con independencia y practicar la soledad activa. Una casa conquistada a conciencia, semejante a la que hemos soñado muchas mujeres.

Es la primera casa de la escritora chicana Sandra Cisneros, nacida en 1954, cuya historia cuenta en la introducción biográfica del libro *La casa en Mango Street* (fig. 9). El libro es una recreación poética de la vida en un barrio marginal de Chicago. Un relato estilizado compuesto por breves estampas que van poblando de vecinos la calle: niños y adultos, que proceden de los recuerdos del barrio donde creció la autora. La casa de la infancia dejó un sabor agridulce en su memoria, pero no será recordada como un fracaso, sino que sus privaciones le dieron fuerzas para escribir y para prometerse que un día escogería su propia casa, para vivir a su modo.

---

12. André Kertész, *Leer,* con prólogo de Alberto Manguel, colección Periférica & Errata Naturae (Cáceres: Periférica; Madrid: Errata Naturae, 2016).

La primera casa que consigue obedeciendo a este sueño era destartalada y marginal, una casa para una aprendiz de escritora. Pero era suya enteramente y le dio la paz que necesitaba para sus primeros ejercicios literarios.

Figura 9. [Izda.] Cartel conmemorativo «Un libro, un Chicago», n.º 16, dedicado a la obra *The House on Mango Street,* de Sandra Cisneros (1984; Nueva York: Vintage Books, 2009), con motivo de su 25 aniversario. [Dcha.] Portada de la edición española, *La casa en Mango Street,* traducción de Fernanda Melchor (Barcelona: Debolsillo, 2022).

Este lugar recuerda los primeros espacios de libertad que quisimos ocupar al marcharnos de la casa familiar, muchas de nosotras, las mujeres que emprendimos los primeros actos de rebeldía a finales del siglo pasado.

Como le pasó a Sandra Cisneros, en contra muchas veces de la voluntad del padre, aunque con la complicidad de la madre. Así lo recuerda:

Su padre no puede comprender por qué ella quiere vivir en un edificio de cien años con ventanales por los que se cuela el frío […] Cuando el padre viene de visita, sube las escaleras refunfuñando con disgusto. Adentro, él mira los libros de ella organizados en huacales, el futón en el piso de una recámara sin puerta y susurra: *«Hippie»* […]
Su padre la llama cada semana para decirle: «Mija, ¿cuándo regresas a casa?». ¿Qué dice su madre al respecto? Se lleva las manos a la cintura y dice orgullosa: «Salió a mí». Cuando el padre está en el cuarto, la madre se encoje de hombros

y dice: «¿Qué quieres que haga?». La madre no pone objeciones. Sabe lo que significa vivir una vida llena de arrepentimiento y no le desea esa vida a su hija.[13]

Más adelante conseguirá una casa mejor, en la frontera con México, ya como escritora reconocida, en el país de origen de su familia: una casa muy bella a la que invitará orgullosa a su madre, que siempre apoyó sus sueños. Lo leeremos en un pasaje emocionante, dedicado a esta mujer emigrante que puso todo el empeño en que sus hijos estudiaran y sembró en la hija la semilla del deseo de libertad e independencia.

Así es como terminamos, recordando una vez más el paso de las generaciones de mujeres, esa cadena que no debería romperse. Una cadena que se abre con las luchas de las primeras, de las abuelas, de las madres, y que hace que se pueda alcanzar, en cada nueva generación, una mayor igualdad, una mayor libertad y, por lo tanto, el derecho a la felicidad en algo más que *una habitación propia:* en *una casa propia.* Terminamos recordando la importancia que para todas nosotras tiene esa casa que debe ahuyentar los fantasmas del pasado y cerrarse en torno a nuestros deseos, como un cofre.

Marta Llorente, Barcelona-Llessui, verano de 2023

BIBLIOGRAFÍA

Textos de la Antigüedad

Anónimo. *Poema de Gilgamesh.* Editado y traducido por Federico Lara Peinado. 3.ª ed. Colección Clásicos del Pensamiento, n.º 45. Madrid: Tecnos, 1997.

Versiones de las tragedias de Esquilo y de Sófocles citadas:

Esquilo. *Agamenón; Las Coéforas; Las Euménides.* En *Tragedias,* traducido por Bernardo Perea Morales. Biblioteca Básica Gredos, n.º 4. Madrid: Gredos, 2000.

13. Sandra Cisneros, *La casa en Mango Street,* trad. por Fernanda Melchor (Barcelona: Debolsillo, 2022), 15-16.

Sófocles. *Antígona; Electra.* En *Tragedias completas,* editado y traducido por
José Vara Donado. 3.ª ed. Colección Letras Universales, n.º 13. Madrid:
Cátedra, 1991.

Textos medievales

Anónimo. *Cartas de Abelardo y Eloísa.* Estudio preliminar y traducción de Natalia
Jakubecki y Marcela Borelli. Madrid: Punto de Vista, 2021.
Christine de Pizan. *Le Livre de la Cité des Dames.* 1405. Edición española: Cristina
de Pizán. *La Ciudad de las Damas.* Editado y traducido por Marie-José
Lemarchand. 3.ª ed. Biblioteca Medieval, n.º 7. Madrid: Siruela, 2006.
María de Francia. *Lais.* Editado y traducido del francés por Luis Alberto
de Cuenca. Colección Narrativa del Acantilado, n.º 287. Barcelona:
Acantilado, 2017.
[Theoderich von Echternach]. *Vida y visiones de Hildegard von Bingen.* Editado y
traducido del latín por Victoria Cirlot. Colección El Árbol del Paraíso, n.º 107.
Madrid: Siruela, 2023.

Textos contemporáneos

Amorós, Celia. *La gran diferencia y sus pequeñas consecuencias para las luchas de las
mujeres.* Colección Feminismos. Madrid: Cátedra, 2005.
Arendt, Hannah. *La condición humana.* Traducido por Ramón Gil Novales.
Introducción de Manuel Cruz. Colección Surcos, n.º 15. Barcelona-
Buenos Aires-México: Paidós, 2005.
Baroja y Nessi, Carmen. *Recuerdos de una mujer de la generación del 98.* Prólogo,
edición y notas de Amparo Hurtado. Colección Andanzas, n.º 354. Barcelona:
Tusquets, 1998.
Bollmann, Stefan. *Las mujeres, que leen, son peligrosas.* Traducido por Ana Deluca
Silberberg. Prólogo de Esther Tusquets. 9.ª ed. Madrid: Maeva, 2017.
— *Las mujeres que escriben «también» son peligrosas.* Traducido por Ana Deluca
Silberberg. Prólogo de Esther Tusquets. 4.ª ed. Madrid: Maeva, 2017.
Bourgeois, Louise. *Destrucción del padre / reconstrucción del padre: escritos y
entrevistas 1923-1997.* Traducido por Rafael Jackson y Pedro Navarro.
Colección «El espíritu y la letra», n.º 10. Madrid: Síntesis, 2002.
Cisneros, Sandra. *The House on Mango Street.* Houston: Arte Público, 1984.
Edición española: *La casa en Mango Street.* Traducido por Fernanda Melchor.
Barcelona: Debolsillo, 2022.
Kertész, André. *Leer.* Prólogo de Alberto Manguel. Colección Periférica & Errata
Naturae. Cáceres: Periférica; Madrid: Errata Naturae, 2016.
Leroi-Gourhan, André. *La prehistoria en el mundo.* Traducido por Francisco Javier
González García. Colección Akal Textos, n.º 28. Madrid: Akal, 2002.

Lowry, Malcolm. *Under the Volcano.* Nueva York: Reynal & Hitchcock, 1947. Edición española: *Bajo el volcán.* Traducido por Raúl Ortiz y Ortiz. Colección Fábula, n.º 128. Barcelona: Tusquets, 1999.

Mernissi, Fatema. *Sueños en el umbral. Memorias de una niña del harén.* Traducido por Ángela Pérez. 7.ª ed. Colección Los Narradores. Barcelona: El Aleph, 2003.

Rich, Adrienne. *Sobre mentiras, secretos y silencios.* Traducido por Margarita Dalton Palomo. Colección «La cosecha de nuestras madres», n.º 10. Madrid: Horas y Horas, 2011. Edición original, en inglés: *On Lies, Secrets, and Silence: Selected Prose 1966-1978.* Nueva York-Londres: W. W. Norton, 1979.

Ritsos, Yannis. *Crisótemis.* Traducido del griego por Selma Ancira. Colección El Acantilado, n.º 229. Barcelona: Acantilado, 2011.

— *Ismene.* Traducido del griego por Selma Ancira. Colección El Acantilado, n.º 257. Barcelona: Acantilado, 2012.

Sanahuja Yll, M.ª Encarna. *La cotidianidad en la prehistoria. La vida y su sostenimiento.* Colección Antrazyt, n.º 269. Barcelona: Icaria, 2007.

Sontag, Susan. *Ante el dolor de los demás.* Traducido por Aurelio Major. Madrid: Alfaguara, 2003.

II

Cambios genéticos en la arquitectura de vanguardia. Un salto evolutivo en la concepción del espacio habitable

CARMEN ESPEGEL

En su libro *Captando genomas*[1]*,* la filósofa científica Lynn Margulis conjetura que deberíamos imaginar el mundo no solo desde el individuo aislado sino desde el grupo social, en una fértil alianza similar a su concepto de *simbiogénesis,* esto es, la alteración en el ADN a partir de dos organismos de distinta especie. Así me gustaría observar hoy este mundo de la arquitectura, con una visión panorámica, con una perspectiva integradora. No se trata de «elevar» otras artes al nivel de la arquitectura, la finalidad sería trazar el cambio genético, la variación hereditaria, a partir del trabajo realizado desde otras esferas complementarias.

Siempre cometemos lo que considero un error de partida, intentar validar a las diseñadoras de comienzos de siglo como arquitectas, utilizando los patrones impuestos, las coordenadas estéticas de la misma sociedad que las rechazaba. Frente a esa actitud, propongo descubrir lo beneficiosas que son sus observaciones inéditas y sus posturas teórico-prácticas para el hecho arquitectónico de hoy, pues, al ir por delante de su tiempo, se generó un desfase adverso para un marco de referencia adecuado que, sin embargo, sería análogo a muchos postulados actuales.

Entre mis artistas favoritas se encuentra la sueca Britta Marakatt-Labba, cuyo libro *Historias bordadas*[2] estudié con deleite cuando me lo regaló un querido alumno de doctorado, ahora profesor por esas tierras bálticas.

---

1. Lynn Margulis y Dorion Sagan, *Captando genomas. Una teoría sobre el origen de las especies,* trad. por David Sempau, colección Nueva Ciencia (Barcelona: Kairós, 2003).

2. Britta Marakatt-Labba, *Broderade berättelser / Embroidered Stories / Sággon muitalusat,* ed. por Jan-Erik Lundström (Kiruna: Koncentrat, 2010).

Destaca en él un friso continuo titulado *Historjá* (fig. 1), que fue expuesto en la Documenta 14 de Kassel, en 2017. Este tapiz lo realizó durante cuatro años, tiene 23,5 m de largo y cuenta la historia, costumbres y mitología del pueblo sami en perpetua itinerancia, acorde con su cultura nómada. Britta me interesa por toda su biografía, entregada a narrar con hilo y aguja una crónica que conjuga, al mismo tiempo, la épica turbadora de la etnia lapona con escenas más domésticas.

Figura 1. Detalle de la obra *Historjá,* de Britta Marakatt-Labba, 2003-2007; bordado, impresión, *appliqué* y lana sobre lino. Fuente: Britta Marakatt-Labba, *Broderade berättelser / Embroidered Stories / Sággon muitalusat* (Kiruna: Koncentrat, 2010).

CATHARINE BEECHER, CHRISTINE FREDERICK Y LILLIAN GILBRETH[3], LA VOCACIÓN DIDÁCTICA DE LAS TRES PRECURSORAS AMERICANAS

Repasaremos algunas trayectorias de mujeres que, sin pertenecer al mundo estricto de la arquitectura, investigaron en este campo y aportaron unas propuestas radicales. Comenzamos por las llamadas «ingenieras domésticas» americanas, Catharine Beecher, Christine Frederick y Lillian Gilbreth, que, desde sus manuales para amas de casa, pusieron el acento en el interior del hogar para su completa renovación racionalizada. Estas mujeres sin duda influyeron sobre la concepción de la domesticidad de la vivienda obrera europea en los programas residenciales de la Nueva Oficina de la

3. Carmen Espegel y Gustavo Rojas, «La estela de las ingenieras domésticas americanas en la vivienda social europea», *PPA. Proyecto, Progreso, Arquitectura,* n.º 18, *Arquitecturas al margen* (2018): 58-73.

Construcción de Frankfurt am Main, liderada por Ernst May entre 1925 y 1930, a través de Margarete Schütte-Lihotzky.

Sorprenden los insólitos caminos de transmisión de esos hallazgos estadounidenses al contexto europeo, fuera de los habituales circuitos académicos de las teorías arquitectónicas. Pues los técnicos alemanes, con un entendimiento social de su trabajo y una actitud abierta hacia la participación ciudadana, dialogaron con las asociaciones de mujeres, quienes finalmente introdujeron el progreso americano en la modernización de la vivienda europea de entreguerras. Por ello, lo que en principio fueron unos compendios enfocados hacia el mundo femenino llegaron a ser un *leitmotiv* de los pioneros de la vivienda social.

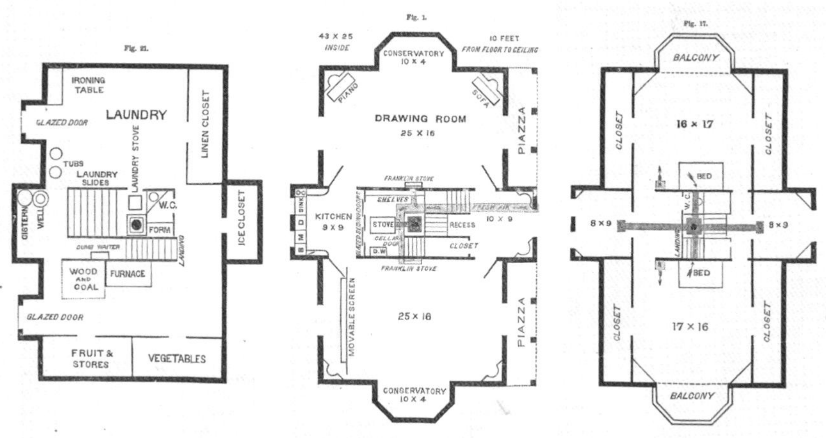

Figura 2. [De izda. a dcha.] Plantas sótano, baja y primera del proyecto de vivienda mostrado en *The American Woman's Home,* de Catharine Beecher y Harriet Beecher Stowe (Nueva York: J. B. Ford, 1869), 26, 37 y 40.

Como fundadora y docente del colegio Hartford Female Seminary, Catharine Beecher (1800-1878) escribió con su hermana Harriet Beecher Stowe *The American Woman's Home: Or, Principles of Domestic Science; Being a Guide to the Formation and Maintenance of Economical, Healthful, Beautiful, and Christian Homes*[4] (fig. 2). En este manual aparece una descripción rigurosa de todas las tareas del hogar, explicadas de forma precisa, paso a paso, donde la *mecanización* será el término clave del ama de casa «profesional». En

4. Catharine E. Beecher y Harriet Beecher Stowe, *The American Woman's Home: Or, Principles of Domestic Science; Being a Guide to the Formation and Maintenance of Economical, Healthful, Beautiful, and Christian Homes* (Nueva York: J. B. Ford, 1869).

la portada descubrimos su concepción ideal del mundo, que consiste en la tríada *hogar, familia* e *iglesia;* pero el suyo es un hogar ilustrado, donde todos sus miembros leen y lo hacen bajo una luz diseñada para ser eficiente, pues, mientras brilla tenue hacia el techo, ilumina con intensidad el área de lectura.

Su eficaz transformación del hogar se centra en una columna vertebral, un elemento técnico que contiene no solo escaleras, armarios, inodoro, cocina y fogón, sino el sistema de conductos de calefacción que impulsan el aire caliente desde una caldera en el sótano hasta las estancias, así como los de ventilación con rejillas de entrada y salida para renovar el aire, algo que le preocupaba por su delicada salud. También hay mejoras de tipo espacial con cuartos transformables mediante armarios móviles y paneles deslizantes, dirigidos a reducir el tamaño de la casa, además de por razones económicas, para lograr un empleo, cuidado y mantenimiento más eficaz.

Sin embargo, existe una diferencia sustancial con los proyectos previos de Beecher: la consciente «no definición» de los usos de las habitaciones. Son los muebles de su interior, el piano o la cama, los que cualifican la función precisa de esos cuartos. La flexibilidad se maximiza con muebles-pantalla decorativos que ocultan el vestidor o las camas supletorias. Por otro lado, la cocina se ha convertido en un espacio de proceso racional, donde se descubren dos áreas separadas: una para guisar y otra para la preparación de la comida, con una encimera única de altura continua. En realidad, Beecher no escribió simples manuales o breviarios de cocina, sino exhaustivos tratados, libros de texto integrales con un espíritu próximo a la Ilustración del siglo XVIII, una forma de conocimiento razonado, una primera explicación sistemática de la economía doméstica.

Para conocer a la siguiente protagonista, Christine Frederick (1883-1970), basta con utilizar sus propias palabras en *Selling Mrs. Consumer*[5] al describir su amplio perfil profesional: consejera de *marketing* para los fabricantes de artículos para el hogar; fundadora de la primera organización sobre publicidad femenina; pionera en aplicar los principios de gestión científica al hogar. Tras graduarse en la Universidad Northwestern, se dedicó a la enseñanza y, más tarde, gracias a los socios de su marido, conoció de primera mano el valor de la organización científica del trabajo. Asesorada por estos colegas, trató de aplicar esos principios en el hogar, con todos sus problemas implícitos, ya que en la fábrica se realizan pocos procesos y se repiten en bucle mientras que en el hogar las tareas son infinitas y se superponen: un problema de escala.

---

5. Christine Frederick, *Selling Mrs. Consumer* (Nueva York: The Business Bourse, 1929).

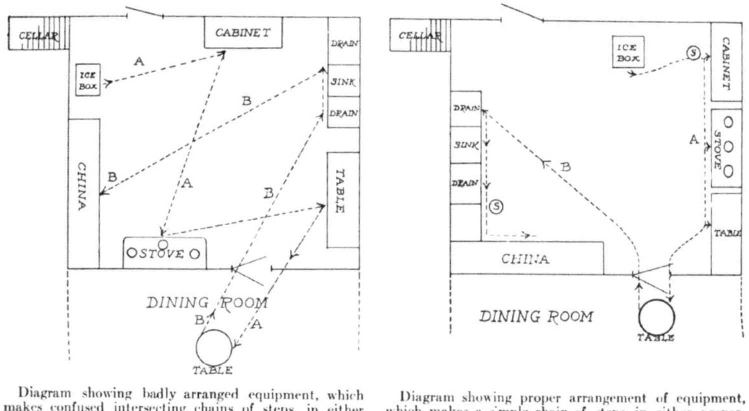

Diagram showing badly arranged equipment, which makes confused intersecting chains of steps, in either preparing or clearing away a meal.
(A — preparing; B — clearing)

Diagram showing proper arrangement of equipment, which makes a simple chain of steps, in either preparing or clearing away a meal.
(A — preparing; B — clearing)

Figura 3. Diagramas de organización del mobiliario en la cocina publicados por Christine Frederick en *The New Housekeeping* (Garden City, N. Y.: Doubleday, Page, 1913), s. p.

El libro *The New Housekeeping: Efficiency Studies in Home Management*[6] (fig. 3) es un resumen de los escritos que en 1912 comenzó a publicar por entregas en *The Ladies Home Journal,* para explicárselos a las amas de casa de clase media. La gestión científica significaba eficiencia y esta se lograba mediante la introducción de los novedosos electrodomésticos, ya más asequibles. Christine es al mismo tiempo sujeto y objeto de la investigación en curso. En este manual encontramos los famosos diagramas que comparan una incorrecta organización de la cocina y otra apropiada, donde la diferencia radica en la ubicación acertada de los muebles y los aparatos, que distingue dos circuitos: uno limpio con la salida de los alimentos preparados hacia el comedor y otro sucio con la entrada de la vajilla para lavar.

La tercera protagonista, la psicóloga e ingeniera industrial Lillian Gilbreth (1878-1972), investigó, junto a su marido Frank Gilbreth, la gestión científica en los llamados *time-motion studies,* empleando la grabación cinemática para estudiar los procesos y la velocidad de producción (fig. 4). En 1914, Lillian publica *The Psychology of Management: The Function of the Mind in Determining, Teaching and Installing Methods of Least Waste*[7], donde se diserta sobre el bienestar laboral, los incentivos y la prevención de accidentes. La

6. Christine Frederick, *The New Housekeeping: Efficiency Studies in Home Management* (Garden City, N. Y.: Doubleday, Page, 1913).

7. Lillian M. Gilbreth, *The Psychology of Management: The Function of the Mind in Determining, Teaching and Installing Methods of Least Waste* (Nueva York: Sturgis & Walton, 1914).

supresión gradual del cansancio gratuito, bien físico o psicológico, le llevará a redactar dos años después, *Fatigue Study: The Elimination of Humanity's Greatest Unnecessary Waste; A First Step in Motion Study*[8].

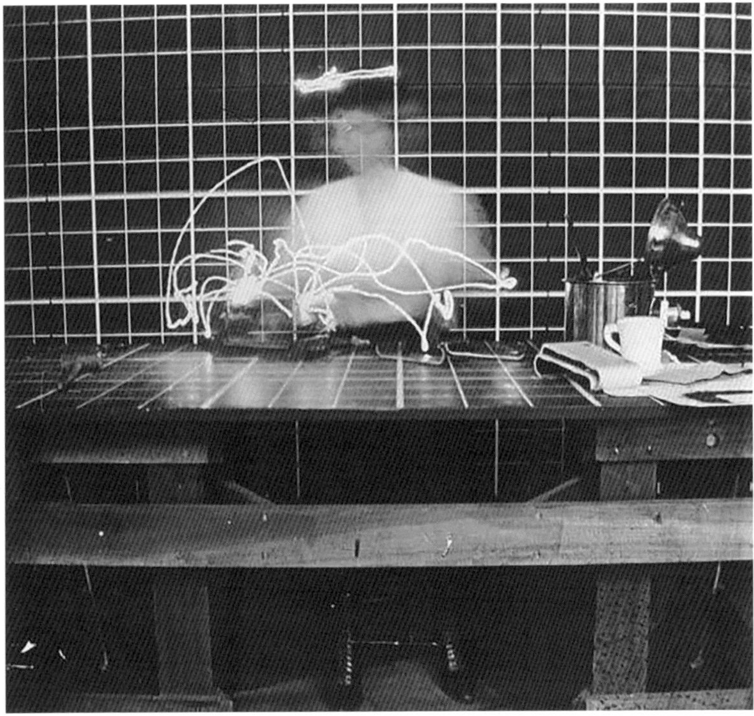

Figura 4. Cronociclógrafo registrando los movimientos de una operaria. Fuente: Carlos Trilnick, «Lillian y Frank Gilbreth», Proyecto IDIS (sitio web), consultado 10 de septiembre de 2023, https://proyectoidis.org/lillian-y-frank-gilbreth/.

La clave de su método consistía en pautar el espacio, medir el tiempo y filmar los procesos de trabajo para después analizarlos y optimizarlos. Motivados por las técnicas de los *time study works* de Taylor y su implantación de tiempos estándar, los Gilbreth, en sus *motion study works,* propusieron un nuevo lenguaje técnico, lo que facilitó el análisis del procedimiento operativo bajo una óptica científica. El matrimonio utilizó su bagaje previo para desarrollar un método basado en el análisis pormenorizado de los movimientos, que en parte consistía en una filmación detallada de las acciones

8. Frank B. Gilbreth y Lillian M. Gilbreth, *Fatigue Study: The Elimination of Humanity's Greatest Unnecessary Waste; A First Step in Motion Study* (Nueva York: Sturgis & Walton, 1916).

de un trabajador y de su postura corporal. Sus películas, rodadas entre 1910 y 1924 y patrocinadas por la Sociedad para el Progreso de la Gestión de Chicago, muestran múltiples operaciones industriales a partir de las cuales se desarrolló la técnica de estudio de movimientos.

Tras la muerte de Frank en 1924, Lillian continuó su legado, aunque se centró en su especialidad, la psicología de la gestión. Destacó la importancia del «factor humano», precursor de la ergonomía, en la aplicación de las técnicas científicas y demostró a los gerentes que la producción se incrementaba con una mejor iluminación o con períodos de descanso. Además, encaminó estas observaciones hacia el hogar, con una mejora de los electrodomésticos, el diseño de «la cocina eficiente» y, después, la primera cocina con todas las facilidades para personas discapacitadas o delicadas del corazón.

Si nos trasladamos a Europa, destacan dos mujeres que tampoco estudiaron la profesión en ninguna facultad, pero que, gracias al acceso a ella de forma tangencial, por medio de las ramas más diversas y periféricas, fueron capaces de hacer habitable la fría y abstracta arquitectura de la modernidad[9].

EILEEN GRAY, UNA PROGRESIÓN CONTINUADA DESDE EL MODERNISMO HASTA LA MODERNIDAD

Los primeros pasos de Eileen Gray (1878-1976) estuvieron relacionados con el mundo artesanal de los lacados, para después adentrarse en el diseño de muebles y objetos, o en el interiorismo, y finalmente, cuando contaba con casi cincuenta años, acometer la arquitectura[10]. En su trayectoria, hay un dominio creciente de las diferentes escalas, lo que confiere una peculiaridad especial a todo su repertorio.

A pesar del limitado número de obras que la diseñadora anglo-irlandesa nos ha legado, su acentuada calidad la señalan como una ilustre figura de la modernidad del siglo XX. Su profunda investigación sobre la forma emerge de un conocimiento exhaustivo, tanto de las funciones espirituales del ser humano como de los materiales de su tiempo. Fue capaz de incorporar lo subjetivo en lo objetivo, de alcanzar una fértil sinergia entre ciencia y conciencia, de integrar en un tiempo de grandes tensiones la precisión racional y la emoción íntima.

9. Carmen Espegel, *Heroínas del espacio. Mujeres arquitectos en el Movimiento Moderno,* colección Textos de Arquitectura y Diseño (Buenos Aires: Nobuko, 2008).

10. Brigitte Loye, *Eileen Gray, 1879-1976: architecture design,* colección Connivences (París: Analeph; J. P. Viguier, 1984).

Nacida en una familia distinguida, Eileen vivió su juventud a medio camino entre su Irlanda natal y Londres, metrópoli que le permitió enfocar su formación hacia el arte y el dibujo. Aun así, solo logró emanciparse del rígido victorianismo al emigrar a París en 1902, la capital del cubismo, del *art déco,* de los Ballets Rusos de Serguéi Diághilev que tanto influirán en su obra por su consonancia entre cuerpo, movimiento y escenografía; ese convulso París la adoptará hasta su muerte acaecida en 1976, a los 98 años.

Con motivo de la Exposición Universal de 1900, visitó por primera vez París, por lo que decidió abandonar el Londres severo y limitado dos años más tarde para establecerse definitivamente en Francia, en el apartamento de la Rue Bonaparte[11]. La ciudad de la luz está viviendo un gran cambio en el universo creativo con la irrupción de las vanguardias artísticas, y Gray, pese a su naturaleza tímida, encaja en ese mundo bohemio transgresor. Allí perfecciona la técnica del lacado con ayuda del artesano japonés Seizo Sugawara. Comienza a decorar amplias superficies experimentando con láminas metálicas, incrustaciones de madreperla y bajorrelieves y ampliando la paleta cromática más allá de los colores clásicos para conseguir azules y verdes profundos.

Siempre fomentó aunar los opuestos, tratando de construir una obra integradora que condensara modernidad y tradición, funcionalismo y espiritualidad o abstracción y figuración. Quizá por ello el biombo Le Destin (fig. 5) de 1913, encargado por Jacques Doucet, sintetiza ese camino que la conducirá hasta sus piezas más modernas. Esta creación de cuatro paneles lacados en un rojo denso combina un envés de trazos abstractos sinuosos con una escena frontal alegórica que presenta a dos jóvenes desnudos, uno de ellos portando a un anciano envuelto por un manto. La discordancia de estilos aquí propuesta anticipa el sincretismo que ofrecerán sus futuros diseños.

Con una integración armónica de lacados, textiles y mobiliario, su primer proyecto global de interiorismo será el apartamento de Rue de Lota, encargo de *madame* Mathieu-Lévy, segunda propietaria del salón de moda Suzanne Talbot, que comenzará al regresar a París tras la contienda europea y que continuará después en varias fases. Inmersa en el excéntrico ambiente de hedonismo orientalista del momento, Eileen Gray es capaz de distanciarse y concibe una propuesta unitaria, funcional y abstracta, esencialmente moderna, aunque se percibe en ella cierto respeto hacia lo antiguo. Un mobiliario suntuoso se contrapondrá a unos paneles decorados con ondas rítmicas, a una gran colección de arte antiguo o, en su última intervención de 1924, a

---

11. Caroline Constant, *Eileen Gray* (Londres: Phaidon, 2000).

un vestíbulo recubierto por 450 bloques lacados en negro, todo en un conjunto cohesionado.

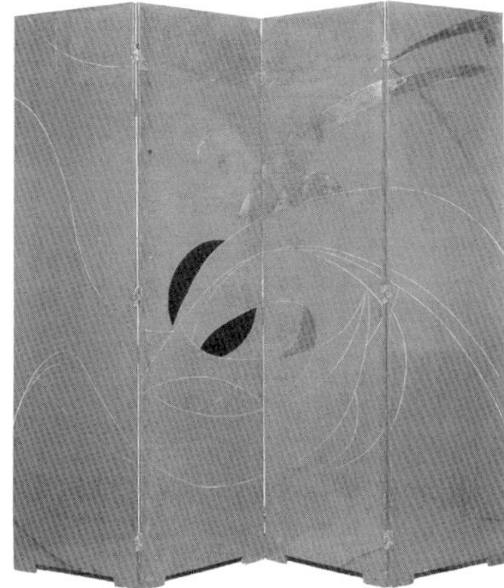

Figura 5. Le Destin, biombo de cuatro paneles; Eileen Gray, 1913. Fuente: Peter Adam, *Eileen Gray: Architect/Designer* (Nueva York: Harry N. Abrams, 1987), 78 y 79.

Como otros decoradores, Eileen Gray abrió su propia tienda en el número 217 de la Rue du Faubourg Saint-Honoré, la Galerie Jean Désert, para vender básicamente sus propias obras entre 1922 y 1930. Durante esos años cruciales, este espacio comercial fue testigo de su conversión gradual desde una estética decorativa hacia el esplendor maquinista moderno. Un equipo de artesanos le facilita el perfeccionamiento de la pieza mediante aproximaciones sucesivas hasta lograr un afinado objeto que se aleja del concepto de prototipo ideal y se acerca más al de modelo concreto. Su mente sintética compagina el rigor intelectual con la pulcritud del trabajo manual. En sus primeros diseños, enmarcados en el ambiente *art déco,* elige materiales opulentos, de un lujo suntuoso, mientras que en sus propuestas posteriores incide en la austeridad industrial de la materia moderna.

Certera antesala de sus futuros espacios únicos, zonificados mediante mobiliario, será el misterioso y abstracto *Boudoir de Monte-Carlo* (fig. 6), expuesto en el Salon des Artistes Décorateurs, ubicado en el Pavillon de Marsan, en 1923. Se trata de una pieza ecléctica que fusiona fines heterogéneos en un solo ambiente casi autónomo, vivificado por un soplo de lirismo. Sus estrictas dimensiones, transformaciones o múltiples usos responden a un tipo de célula compleja dotada para el desarrollo personal, que será un referente del movimiento moderno.

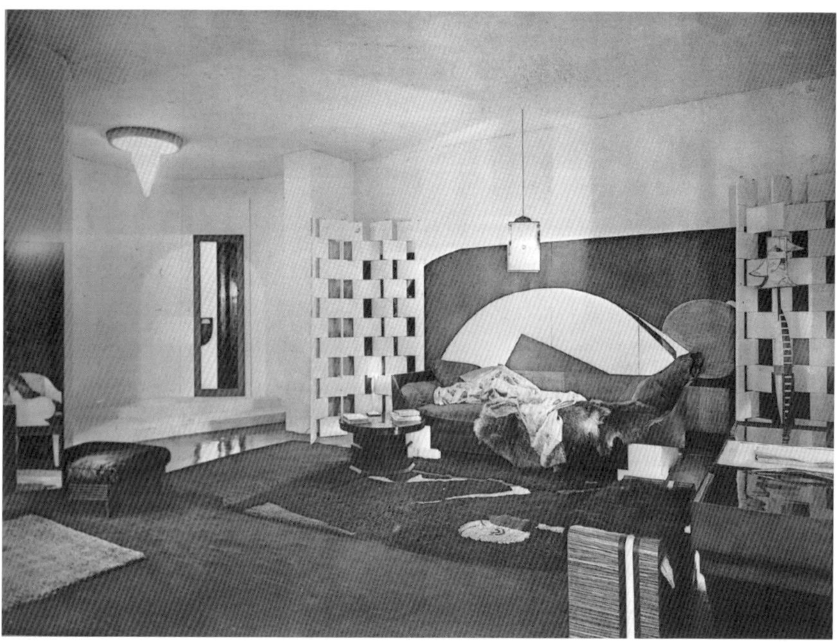

Figura 6. *Chambre à coucher-boudoir de Monte-Carlo,* expuesto por Eileen Gray en el XIV Salon des Artistes Décorateurs (1923). Fuente: Adam, *Eileen Gray: Architect/Designer,* 132.

Aunque fue la reina del *art déco,* entabla una relación íntima con el arquitecto Jean Badovici en 1924 que marcará profundamente su vida profesional, al orientar su carrera hacia los objetivos de la modernidad. Badovici, crítico rumano afincado en París, dirigió durante una década, junto con Christian Zervos y Albert Morancé, una prestigiosa revista del panorama europeo de entreguerras, *L'Architecture Vivante,* centrada en la publicación de los nuevos iconos de la vanguardia internacional. Hacia 1926, Badovici solicitó a Gray que le diseñara un pequeño refugio en el sur de Francia, con el objetivo de hacer de él un modelo pionero experimental del movimiento moderno. Gray, mujer de sobrado talento y recursos financieros, compró la parcela que le regaló a su compañero de juegos y empezó a aprender el oficio de la mano de *L'Architecture Vivante,* que utilizaba como libro de texto.

Cuando se adentra en la profesión de forma autodidacta, se produce en su estilo un giro radical al proyectar la villa en Roquebrune, la E.1027: «Maison en bord de mer»[12] (fig. 7), adhiriéndose a la vanguardia moderna

12. Carmen Espegel, *Aires modernos. E.1027: maison en bord de mer, Eileen Gray y Jean Badovici 1926-1929,* colección Razón Común, n.º 2 (Madrid: Mairea Libros, 2010).

con una actitud crítica. En esta pequeña pero infinita casa, la existencia humana reverbera hacia el acontecer fenomenológico. Las funciones primarias se ocultan para descubrir nuevos empleos desconocidos hasta entonces; de esta manera, el usuario se convierte en actor y dialoga con un montaje escénico, permanentemente dinámico y azaroso, que transforma el elemento útil en objeto plástico, originando un lugar para el divertimento humano.

Figura 7. Eileen Gray, casa E.1027, 1926-1929; vista de la gran sala entrando desde la terraza con las ventanas-biombo abiertas. Fuente: Adam, *Eileen Gray: Architect/Designer,* 199.

Al conjugar dos principios compositivos, *a priori* antitéticos, el *collage-objet trouvé* y la simetría axial, Gray demuestra su destreza integradora[13]. Primero reúne en un espacio continuo elementos desarticulados que finalmente se asocian en una totalidad equilibrada de partes complementarias, algo que ya veíamos en el *Boudoir de Monte-Carlo*. Del mismo modo, los esquemas volumétricos utilizados en Roquebrune, las reglas sintácticas de la composición plástica, se basan en descentrar, descomponer, acoplar o plegar un volumen o una superficie. Pero donde su eclecticismo se manifiesta con ingenio es

13. Jean-Paul Rayon, «Eileen Gray: un manifeste 1926-1929», *Architecture, Mouvement, Continuité,* n.º 37 (noviembre 1975): 49-56.

en su visible modernidad, enraizada con la domesticidad inglesa y la tradición mediterránea. La funcionalidad racionalista del interior anglosajón y la mediterraneidad en cuanto a la relación naturalista con el territorio, el utilizar arquitecturas abiertas o el control climático, la convierten en un objeto insólito de la vanguardia (fig. 8).

Figura 8. Eileen Gray, casa E.1027, 1926-1929; vista desde el salón de la terraza cubierta por toldos y peto de lona, que en invierno se desmontaban total o parcialmente. Fuente: Eileen Gray y Jean Badovici, *L'Architecture Vivante*, número especial, *E.1027. Maison en bord de mer* (invierno 1929): lámina 12; edición facsímil en *L'Architecture Vivante*, vol. 3, *1928-1929* (Nueva York: Da Capo Press; Londres: Trewin Copplestone, 1975).

Resulta inconcebible en todas sus intervenciones la separación tradicional entre interiorismo y arquitectura, pues se genera un proceso de conversión de lo inmueble en mueble. Su enfoque holístico del proceso arquitectónico le conduce a una totalidad integradora de las distintas artes. Sus paramentos adquieren una apariencia más sólida al incorporarles, a modo de macroestructuras, una densidad mobiliaria. Asimismo, los objetos fijos y móviles provocan una variación continua del espacio. Muros, ventanas, toldos, hornacinas, mamparas, empotrados, cortinas, biombos, alfombras o divanes constituyen una arquitectura multicapa indisoluble, un todo coreográfico lleno de poesía.

Sorprende que su mobiliario no pertenezca a ningún estilo concreto, siendo adecuado a su propia función, aunque fluctúe entre una altivez aristocrática y una dialéctica con lo cotidiano. Incluso los apelativos de los muebles poseen un tono enigmático, aunque moderno: para un hombre que rechaza lo establecido, el sillón Non-Conformiste; para el viajero que surca océanos, la silla Transat; para el piloto de coches de carreras, la butaca Bibendum.

Tanto en la Maison como en los muebles que sigue fabricando para la galería Jean Désert, Eileen Gray experimenta con nuevos materiales industriales e inéditas técnicas de ensamblaje. Esta doble aproximación, intelectual y de oficio, le permite encontrar la factura y el método constructivo correcto para cada problema funcional. Sus diseños más avanzados conceptualmente se encuentran muy lejos de aquellos primeros ejercicios de decoración. Al terminar la casa en 1929, se afiliaría a la Union des Artistes Modernes (UAM), junto con Pierre Chareau, Le Corbusier, Robert Mallet-Stevens, Jean Prouvé, Sonia Delaunay, los escultores Jean y Joël Martel, y Gustave Miklos, entre otros. La UAM agrupó a unos profesionales desafectos con el sesgo reaccionario de la imperante Société des Artistes Décorateurs.

Figura 9. Eileen Gray, apartamento de la Rue de Chateaubriand, para Jean Badovici, 1929; detalle de la separación entre la entrada-almacén y la ducha, realizada mediante una cortina metálica. Fuente: Adam, *Eileen Gray: Architect/Designer*, 255.

Al mismo tiempo, renueva el apartamento parisino de Jean Badovici en Rue de Chateaubriand (fig. 9), una pieza irregular de una sola habitación de apenas 40 m^2, donde tensaría al límite la atmósfera mecanicista de Roquebrune. Lo sublime de esta estancia es la audacia espacial del acceso, al congregar también las veces de baño con zona de almacenaje en el techo y cocina-armario, camuflados a través de brillantes cortinajes y biombos de chapa perforada. Dos acontecimientos de signo opuesto puntúan 1930: la clausura de la galería Jean Désert y la presentación de la E.1027: «Maison en bord de mer» en la primera exposición de la Union des Artistes Modernes montada en el Pavillon de Marsan, situado en el palacio de las Tullerías. Pocos años después, Gray y Badovici se separan y ella se instala en su futura morada veraniega junto a las montañas de Castellar, Tempe à Pailla, donde extrema la sencilla austeridad ya probada en Cap Martin, con diseños más elaborados, aunque quizá menos espectaculares.

Como conquista laboral, las vacaciones pagadas se establecen en Francia en 1936, y Eileen proyecta un complejo teórico, el Centro de Vacaciones, que combina una infraestructura fija con un número de viviendas desmontables. El bloque fijo alberga varios tipos de habitaciones, lavandería, duchas y aseos en las plantas superiores, y cocina, comedor y biblioteca en la planta baja. También programa otro edificio con un restaurante y diversos comedores adecuados a los diferentes menús servidos y prevé un singular número de instalaciones culturales y deportivas. Tras la guerra proyecta el Centro Cultural y Social, con una función educativa y de esparcimiento, cuyo elemento más singular es una cubierta en forma de graderío que sirve tanto de techo para la gran sala de representación como de anfiteatro al aire libre. El conjunto acoge también un restaurante, una biblioteca y una sala de exposiciones.

Sin pretenderlo, sus obras fueron el punto de partida de una revisión crítica del movimiento moderno, por aglutinar las distintas tendencias internas de la vanguardia de los años 20 y por insuflar alma, emoción al estricto racionalismo. En los años 50, la tercera generación asumirá estas premisas como propias, con una sensibilidad más acorde con el entorno físico, las raíces vernáculas o el contexto social que con la estricta ortodoxia formal de una modernidad funcionalista[14].

14. Colin St John Wilson, *The Other Tradition of Modern Architecture. The Uncompleted Project* (Londres: Academy Editions, 1995).

LILLY REICH, LA MAGNITUD POÉTICA
DE UNA MATERIALIDAD CONSTRUIDA

Reconocida pionera del diseño moderno, Lilly Reich fue una arquitecta autodidacta que se labró una respetable carrera profesional en la Alemania de entreguerras. Destacaría en múltiples campos como bordadora de técnica Kurbel, escaparatista, interiorista, diseñadora de exposiciones, mobiliario, tejidos e indumentaria, eficaz gestora y finalmente arquitecta[15]. Su trayectoria comenzó en la primera década del siglo XX y terminó en la antesala de la Segunda Guerra Mundial, cuando las circunstancias políticas anularon cualquier esperanza de continuidad para una profesional independiente en Alemania.

Estudió con Josef Hoffmann en la Werkstätte de Viena, una asociación para la reforma de las artes aplicadas similar a la Werkbund alemana, donde asumieron que solo podrían competir con la supremacía francesa e inglesa si industria y diseño se compenetraban. Allí conoció a su profesora Else Oppler-Legband, más tarde cofundadora de la Werkbund y adalid de la reforma en la moda femenina de Berlín. Else propuso una nueva disciplina concreta para el trabajo femenino, el *raumkunst,* una combinación de diseño interior y escaparatismo de moda, territorio en el que Reich brilló con luz propia[16].

Cuando en 1913 diseñó el sobrio escaparate de la farmacia Elefanten-Apotheke en Berlín, ya estaba sentando las bases de una característica específica de sus proyectos: mostrar el valor intrínseco de objetos y materiales por sí mismos como un signo de belleza. Sobre un amplio mostrador, se explica el proceso farmacéutico mediante un despliegue de los instrumentos relacionados con las fórmulas terapéuticas (morteros, almireces, matraces o alambiques) que flanquean los tarros y frascos de medicamentos. Accede al Consejo Directivo de la Deutscher Werkbund en 1920 y en esa fecha realiza un set de ropa interior, en la misma línea abstracta de la farmacia. Sobre un fondo oscuro y colgadas de unas barras metálicas inapreciables, aparecen las prendas íntimas como iluminadas desde dentro, donde solo importa la expresividad del tejido con sus pliegues y caídas. Entre 1922 y 1926 asumió la dirección de la Werkbund en Frankfurt am Main, donde se encargó del

15. Matilda McQuaid, *Lilly Reich: Designer and Architect,* catálogo de exposición (Nueva York: The Museum of Modern Art, 1996).

16. Sonja Günther, *Lilly Reich 1885-1947: Innenarchitektin, Designerin, Ausstellungsgestalterin* (Stuttgart: Deutsche Verlags-Anstalt, 1988).

control de calidad del material expuesto y de la disposición de los catorce escaparates que se abrían en su fachada.

Figura 10. Lilly Reich, gran espacio de la exposición «De la fibra al tejido», Frankfurt am Main (1926). Fuente: Matilda McQuaid, *Lilly Reich: Designer and Architect,* catálogo de exposición (Nueva York: The Museum of Modern Art, 1996), 15.

Al final de ese periodo, recibió un encargo decisivo en su carrera, la exposición «De la fibra al tejido» (fig. 10), en la Feria Internacional de Frankfurt. Por primera vez, invirtió la costumbre vigente de presentar la materia prima y su tecnología como meros aditamentos del producto final. Para ello, optaría por exhibir sus componentes en bruto y su proceso de fabricación. En la amplia nave del edificio principal, el Festhalle, recurrió a un gran despliegue de maquinaria textil dispuesta de manera secuencial, lo que permitió al proceso industrial exponerse a sí mismo. Este trabajo supuso una carta de presentación para Mies van der Rohe, con quien se asociará durante una década, hasta 1937, cuando este se exilió a Estados Unidos. Christiane Lange[17] y Beatriz Colomina[18] han demostrado la autoría compartida entre Mies y Lilly

17. Christiane Lange, *Ludwig Mies van der Rohe & Lilly Reich: Furniture and Interiors,* catálogo de exposición (Ostfildern: Hatje Cantz, 2007).

18. Beatriz Colomina, «La casa de Mies: exhibicionismo y coleccionismo / Mies' House:

de numerosos proyectos mediante evidencias documentales, sucesos biográficos, detalles estilísticos e incluso pruebas forenses (análisis grafológicos).

Durante 1927, ambos realizaron la muestra «La vivienda» que la Werkbund organizaría en Stuttgart y donde, de cuatro zonas, la central sería la colonia residencial de vivienda moderna Weissenhof. Bajo una supervisión conjunta, se construyó en una colina que domina toda la ciudad, y en ella intervinieron quizá los mejores arquitectos europeos. Reich acometió el diseño y la organización de ocho áreas expositivas que se repartieron sobre dos lugares de la ciudad: uno, cerca de la Colonia, donde se mostraron materiales de construcción y maquetas de las viviendas, y otro, en el centro urbano. También realizó el interiorismo del bloque de Mies van der Rohe y algún mobiliario allí expuesto. De hecho, la famosa silla Weissenhof, de esquema *cantilever* en C volada, fue diseñada por ambos, con esa estricta diferenciación moderna entre estructura y plemento, pues combina dos componentes, en principio antitéticos, el innovador tubo curvo y el tradicional entramado de mimbre.

Figura 11. Mies van der Rohe y Lilly Reich, salón del área de exhibición del vidrio en la exposición «La vivienda», Stuttgart (1927). Fuente: McQuaid, *Lilly Reich: Designer and Architect,* 20.

Exhibitionism and Collectionism», en *Mies van der Rohe: casas / Mies van der Rohe: Houses,* ed. por Moisés Puente, 2G: Revista Internacional de Arquitectura / 2G: International Architecture Review, n.º 48/49 (Barcelona: Gustavo Gili, abril 2009), 4-21.

Cambiaron de paradigma en la sección dedicada al vidrio (fig. 11), para mostrar una estancia solo construida con piezas de cristal de distintos formatos, colores y texturas. En ese momento, la primacía industrial del material estaba en manos belgas e inglesas, aunque los alemanes gozaran de una técnica superior, por ejemplo, con la fabricación de lunas templadas o de vidrios Pyrex, resistentes al fuego. Esta sección traza un recorrido espiral alrededor de la escultura de Wilhelm Lehmbruck *Mujer mirando hacia atrás*, antesala directa del Pabellón de Barcelona, con la obra *Alba* de Georg Kolbe en el extremo del estanque[19].

Figura 12. Mies van der Rohe y Lilly Reich, *Café de terciopelo y seda* en la exposición «La moda de la mujer», Berlín (1927). Fuente: McQuaid, *Lilly Reich: Designer and Architect*, 24.

Tras el gran éxito de Stuttgart, ese mismo año Mies y Reich ejecutaron el *Café de terciopelo y seda* (fig. 12) dentro de la muestra «La moda de la mujer». La sugerente fotografía que conocemos revela un gran espacio continuo sectorizado en distintos ámbitos mediante unas superficies verticales mixtilíneas o planas; ámbitos cualificados por medio de enormes telones de seda, rayón y terciopelo suspendidos de gráciles y elegantes barras metálicas. El espacio

19. Andrés Jaque, «Mies en el sótano. El Pabellón de Barcelona como ensamblaje de lo social» (tesis doctoral, Universidad Politécnica de Madrid, 2015), https://oa.upm.es/44688/.

adquiere una gran sensualidad tanto por la suntuosidad de los tejidos expuestos como por su contrastado colorido (terciopelos negros, naranjas y rojos; sedas doradas, plateadas, oscuras y amarillo limón). La textura ondeada de los paños se logra mediante la vibración que da el plegado continuo de la tela suspendida y, a su vez, tensada en su parte inferior. Todo genera un espacio de exuberante austeridad que fluye entre lienzos de brillos seductores.

Durante dos años, planifican al detalle la Exposición Universal de Barcelona inaugurada en la primavera de 1929. Los espacios del certamen fueron para ambos un laboratorio donde ensayar sus ideas. Así, el panel curvo del *Café de terciopelo y seda* se transformará en los muros de ónix de la casa Tugendhat (fig. 13) o del Pabellón de Barcelona. Resulta difícil imaginar, sin considerar los precedentes efímeros, la villa de Brno con su fachada multicapa o su sectorización por medio de tejidos que gradúan la sonoridad y la iluminación del espacio único en la planta noble, que, a su vez, se zonifica en continuidad con unos rieles por donde discurren las cortinas opacas y translúcidas. Solo así, se podría compaginar la lectura en la biblioteca, ensayar al piano y tener amigos sentados en el comedor.

Figura 13. Planta inferior de la casa Tugendhat, con la sala de música, la biblioteca, el comedor, el fumador y el invernadero; Mies van der Rohe y Lilly Reich, 1929-1930. Fuente: José Juan Barba y Branly Ernesto Pérez, «Tugendhat House by Ludwig Mies van der Rohe», *Metalocus*, 7 de octubre de 2016, consultado 10 de septiembre de 2023, https://www.metalocus.es/en/news/tugendhat-house-ludwig-mies-van-der-rohe.

Dos años después, su recorrido conjunto alcanza el cénit cuando, con motivo de la Exposición de la Construcción Alemana, se encargaron de la sección «La vivienda de nuestra época», en Berlín. La muestra pretendía publicitar novedosos materiales de construcción y vanguardistas propuestas residenciales, con una serie de apartamentos y modelos de vivienda para solteros y parejas sin hijos. La planta baja del gran pabellón albergaba cuatro viviendas de Lilly Reich, Mies van der Rohe, Hugo Häring y los hermanos Wassili y Hans Luckhardt. La propuesta de Mies se unía mediante un muro exterior con la vivienda de Reich (fig. 14), cuyo esquema en L de lados desiguales permite diferenciar la zona nocturna del área mayor diurna y de servicio.

Figura 14. Exterior de la casa diseñada por Lilly Reich, expuesta en la sección «La vivienda de nuestra época» de la Exposición de la Construcción Alemana, Berlín (1931); al fondo la de Mies van der Rohe. Fuente: Carmen Espegel, *Heroínas del espacio. Mujeres arquitectos en el Movimiento Moderno* (Buenos Aires: Nobuko, 2008), 151.

En la *Casa de huéspedes,* Lilly amuebló de manera similar dos apartamentos: *para una pareja casada* y *para una persona soltera;* aunque en el segundo, al ser un único espacio compacto que incluye las funciones diurnas y nocturnas, el mobiliario se condensa y deviene un versátil elemento multifunción. Así, el cuerpo que delimita el vestíbulo sirve además para privatizar el salón-dormitorio o bien esconde una cocina. Cerrado no denota su función oculta, pero abierto muestra un fregadero, estantes, barras donde colgar utensilios de cocina, quemadores, cajones y espacio de trabajo. En una versión más amplia se escamotea incluso la mesa de comedor, que, al descender, muestra el soporte de apoyo enrasado con el frente del armario. Para la sección de la madera Reich y Mies decidieron utilizar el material en bruto sin ningún tratamiento. Los tablones apilados se presentaban apoyados sobre el suelo de forma paralela o perpendicular al muro de fondo sobre el que se fijaron, en contraste, diversos paneles. La fuerza geométrica del conjunto abstracto armonizaba con la oportuna tipografía, en hábil contrapunto horizontal. Además, ese año ambos publicaron el catálogo de mobiliario tubular de acero producido por la empresa berlinesa Bamberg Metallwerkstätten.

En paralelo, Lilly Reich gestó el interiorismo del apartamento Wertheim y de la Oficina de Venta de Seda Artificial en Berlín y dirigió en la Bauhaus de Dessau el taller de carpintería, metalurgia y pintura mural que luego, en la sede de Berlín, se llamará «diseño de interiores», donde consiguió poner en justo valor los trabajos textiles[20].

Figura 15. Mies van der Rohe y Lilly Reich, área del vidrio de la exposición «Pueblo alemán, trabajo alemán», Berlín (1934). Fuente: McQuaid, *Lilly Reich: Designer and Architect,* 38.

En la exposición «Pueblo alemán, trabajo alemán» (fig. 15) de 1934, Mies van der Rohe y Lilly Reich colaboraron mediante el diseño de las áreas dedicadas a minería, vidrio, cerámica y equipo sanitario. Esta muestra, clara propaganda del estado nazi, pretendía ser una primera demostración anual

20. Josenia Hervás y Heras, *Las mujeres de la Bauhaus: de lo bidimensional al espacio total,* colección Textos de Arquitectura y Diseño (Buenos Aires: Diseño, 2015).

del trabajo germano. El sistema expositivo fue muy similar a los anteriores: piezas exentas resaltaban frente a muros aislados, lo que permitía unos ámbitos más fluidos, unos recorridos más dinámicos. La aportación principal se descubre en la entreplanta, en la sección del vidrio. Allí, dibujos y fotografías revelan una propuesta prístina de los diferentes tipos de material, con una disposición escénica –doce semicilindros de vidrio curvado– que es testimonio de sus logros técnicos.

LINA BO BARDI, POR UNA SÍNTESIS INTEGRADORA DE CONTRARIOS

Quisiera terminar este capítulo con Lina Bo Bardi[21], que, si bien estudió arquitectura en la Universidad La Sapienza de Roma en los años 30, nunca postergó todos los amplios campos donde desarrollar sus dotes creativas. Además de arquitecta, Lina fue escenógrafa, diseñadora, profesora y una hábil dibujante, aunque sus esbozos fueron desdeñados por unos colegas que los juzgaban de una infantilidad naíf algo femenina. Bien al contrario, sus croquis desbordan vitalidad, con gente dinámica que disfruta de las actividades lúdicas, ya que Lina primaba la arquitectura que, como marco físico, provocase acciones, estimulara el acontecer cotidiano. Además, consiguió aunar los requisitos técnicos con la vivencia fenomenológica, el rigor intelectual con el gusto popular, la gran escala con el mínimo detalle, las bellas artes con sus hermanas aplicadas.

Cuando analizamos el Museo de Arte de São Paulo (fig. 16), observamos su acertado manejo de dos escalas extremas. Por un lado, concibe una gran luz estructural de 70 metros que da continuidad a la mata atlántica del parque del Trianon hacia el norte urbano, delimitando un ágora cubierta; mientras que, por otro, diseña unos escuetos soportes de vidrio y hormigón que servirán para exponer los cuadros en la gran sala que flota sobre la plaza. Lina no solo definió un versátil contenedor físico, sino que configuró un amplio programa educativo para un museo destinado al pueblo. Al imaginar la entrada a la gabinete de curiosidades, hoy recién reconstruida, nos sentimos frente a un espacio surreal, ingrávido, donde coinciden al azar Ingres, Van Gogh, Botticelli, Raffaello, Cézanne, Picasso o Giacometti. La heurística del recorrido casual en este laberinto sin jerarquías entre las pinturas construye, al modo de Aby Warburg, otra historia del arte. Es decir, un relato

21. Marcelo C. Ferraz, coord., *Lina Bo Bardi* (São Paulo: Instituto Lina Bo e P. M. Bardi, 1993).

distinto del estilístico, sin autores, escuelas ni orden cronológico, solo lienzos vibrantes, suspendidos en el aire gracias a ese soporte, delicado y colosal, de hormigón y vidrio.

Lina y sus predecesoras jamás olvidaron ese estrato invisible que también constituye el espacio de vanguardia: una piel efímera, fluida, táctil, una envoltura abstracta y doméstica. Con su diferente forma de mirar, de percibir el mundo, ampliaron los límites de la arquitectura conocida.

Figura 16. Lina Bo Bardi en el MASP (Museo de Arte de São Paulo) durante su construcción; fotografía de Lew Parrella, ca. 1960. Fuente: Instituto Lina Bo e P. M. Bardi.

BIBLIOGRAFÍA

Adam, Peter. *Eileen Gray: Architect/Designer.* Nueva York: Harry N. Abrams, 1987.
Beecher, Catharine E., y Harriet Beecher Stowe. *The American Woman's Home: Or, Principles of Domestic Science; Being a Guide to the Formation and Maintenance of Economical, Healthful, Beautiful, and Christian Homes.* Nueva York: J. B. Ford, 1869.

Colomina, Beatriz, Moisés Puente y Hans-Christian Schink. *Mies van der Rohe: casas / Mies van der Rohe: Houses*. Editado por Moisés Puente. 2G: Revista Internacional de Arquitectura / 2G: International Architecture Review, n.º 48/49. Barcelona: Gustavo Gili, abril 2009.

Constant, Caroline. *Eileen Gray.* Londres: Phaidon, 2000.

Espegel, Carmen. *Heroínas del espacio. Mujeres arquitectos en el Movimiento Moderno.* Colección Textos de Arquitectura y Diseño. Buenos Aires: Nobuko, 2008.

— *Aires modernos. E.1027: maison en bord de mer, Eileen Gray y Jean Badovici 1926-1929.* Colección Razón Común, n.º 2. Madrid: Mairea Libros, 2010.

— y Gustavo Rojas. «La estela de las ingenieras domésticas americanas en la vivienda social europea». *PPA. Proyecto, Progreso, Arquitectura,* n.º 18, *Arquitecturas al margen* (2018): 58-73.

Ferraz, Marcelo C., coord. *Lina Bo Bardi.* São Paulo: Instituto Lina Bo e P. M. Bardi, 1993.

Frederick, Christine. *The New Housekeeping: Efficiency Studies in Home Management.* Garden City, N. Y.: Doubleday, Page, 1913.

— *Selling Mrs. Consumer.* Nueva York: The Business Bourse, 1929.

Gilbreth, Frank B., y Lillian M. Gilbreth. *Fatigue Study: The Elimination of Humanity's Greatest Unnecessary Waste; A First Step in Motion Study.* Nueva York: Sturgis & Walton, 1916.

Gilbreth, Lillian M. *The Psychology of Management: The Function of the Mind in Determining, Teaching and Installing Methods of Least Waste.* Nueva York: Sturgis & Walton, 1914.

Gray, Eileen, y Jean Badovici. *L'Architecture Vivante,* número especial, *E.1027. Maison en bord de mer* (invierno 1929). Edición facsímil de esta revista trimestral, publicada en París (1923-1933), dirigida por Jean Badovici y editada por Albert Morancé: *L'Architecture Vivante.* 5 vols. Nueva York: Da Capo Press; Londres: Trewin Copplestone, 1975.

Günther, Sonja. *Lilly Reich 1885-1947: Innenarchitektin, Designerin, Ausstellungsgestalterin.* Stuttgart: Deutsche Verlags-Anstalt, 1988.

Hervás y Heras, Josenia. *Las mujeres de la Bauhaus: de lo bidimensional al espacio total.* Colección Textos de Arquitectura y Diseño. Buenos Aires: Diseño, 2015.

Jaque, Andrés. «Mies en el sótano. El Pabellón de Barcelona como ensamblaje de lo social». Tesis doctoral. Universidad Politécnica de Madrid, 2015. https://oa.upm.es/44688/.

Lange, Christiane. *Ludwig Mies van der Rohe & Lilly Reich: Furniture and Interiors.* Ostfildern: Hatje Cantz, 2007. Catálogo de la exposición.

Loye, Brigitte. *Eileen Gray, 1879-1976: architecture design.* Colección Connivences. París: Analeph; J. P. Viguier, 1984.

Marakatt-Labba, Britta. *Broderade berättelser / Embroidered Stories / Sággon muitalusat.* Editado por Jan-Erik Lundström. Kiruna: Koncentrat, 2010.

Margulis, Lynn, y Dorion Sagan. *Captando genomas. Una teoría sobre el origen de las especies.* Traducido por David Sempau. Colección Nueva Ciencia. Barcelona: Kairós, 2003.

McQuaid, Matilda. *Lilly Reich: Designer and Architect.* Nueva York: The Museum of Modern Art, 1996. Catálogo de la exposición.

Rayon, Jean-Paul. «Eileen Gray: un manifeste 1926-1929». *Architecture, Mouvement, Continuité,* n.º 37 (noviembre 1975): 49-56.

St John Wilson, Colin. *The Other Tradition of Modern Architecture. The Uncompleted Project.* Londres: Academy Editions, 1995.

III

Arquitectas en la historiografía de la arquitectura contemporánea: crónica de una difícil presencia

JUAN CALATRAVA

Retomando una expresión de Alain Corbin[1], la presencia de arquitectas en la historiografía arquitectónica contemporánea podría considerarse en principio como un gran «territorio del vacío» que solo lenta y trabajosamente se va poblando. Pero una explicación crítica de la existencia incontestable de ese vacío debe moverse en el filo de dos exigencias que son complementarias, aunque a veces difíciles de conciliar.

Por un lado, es necesaria la clara conciencia –lamentablemente ausente en buena parte de los estudios recientes sobre el tema– de que ese vacío fue real, existió como tal, y no es en absoluto el resultado perverso de unas políticas deliberadas de ocultamiento que bastaría con desvelar. La realidad es que hubo muy pocas arquitectas relevantes porque hasta momentos muy recientes la sociedad estaba estructurada de tal modo que lo imposibilitaba. La obsesión por «descubrir» supuestos talentos cuyo florecimiento se habría visto impedido puede llegar a ser tan acrítica como, desde el punto de vista opuesto, el ocultamiento de los escasos ejemplos que en efecto existieron. Esta realidad de una ausencia es mucho más dura, y mucho más importante como fenómeno histórico a estudiar, que si nos encontrásemos ante un simple fenómeno de ninguneo o de consciente ignorancia.

Y está, por otro lado, la urgente necesidad de poner en valor los pocos –aunque en número claramente creciente a lo largo del siglo XX– ejemplos relevantes de arquitectas en la historia de la arquitectura. Se abre ante

1. Alain Corbin, *El territorio del vacío. Occidente y la invención de la playa (1750-1840),* trad. por Danielle Lacascade, Biblioteca Mondadori, n.º 37 (Barcelona: Mondadori, 1993).

nosotros, en este sentido, todo un horizonte de investigación que ha de permitir tanto sacar a la luz arquitectas poco conocidas (en número que será inevitable y necesariamente escaso hasta llegar al siglo XX) como, sobre todo, explicar en toda su profundidad las razones históricas, las estructuras y las mentalidades que históricamente hicieron imposible una mayor presencia.

Ello implica, entre otras consecuencias de orden metodológico, la imposibilidad de abordar el problema exclusivamente desde los parámetros de los estudios de género: nos encontramos ante un fenómeno que es parte integrante de la historia de la arquitectura y como tal debe ser analizado, en el seno de la compleja trama que constituye lo que Manfredo Tafuri definió como el *proyecto histórico*. No puede ser casual que el inicio del interés por los estudios de género en arquitectura haya coincidido con la renovación total de la visión historiográfica de la arquitectura contemporánea llevada a cabo en las cuatro últimas décadas. Es la exigencia de pensar conjuntamente ambos fenómenos lo que justifica el diagnóstico que se presenta en este trabajo en cuanto a la presencia de arquitectas en algunos de los grandes textos canónicos que vienen construyendo nuestra idea de la historia de la arquitectura contemporánea[2].

Ello tiene que ver, igualmente, con la importancia creciente que está adquiriendo el estudio de la historiografía arquitectónica[3], que por fin ha dejado de ser vista como un mero complemento prescindible de lo que sería la «verdadera» historia y ha conquistado un lugar propio en el seno de una historia de la arquitectura atenta a la gran complejidad de los hechos arquitectónicos y urbanos.

En este texto he intentado trazar las líneas generales de un diagnóstico sobre la presencia de arquitectas en los textos de historia de la arquitectura contemporánea que pueden considerarse canónicos y que han tenido una mayor influencia tanto en el seno de la profesión como entre los estudiantes

2. Para el estudio de los autores que serán citados a continuación, sigue siendo imprescindible la obra de Panayotis Tournikiotis, *The Historiography of Modern Architecture* (Cambridge, Mass.-Londres: The MIT Press, 1999). Traducción española, a cargo de Jorge Sainz, *La historiografía de la arquitectura moderna: Pevsner, Kaufmann, Giedion, Zevi, Benevolo, Hitchcock, Banham, Collins, Tafuri*, colección Manuales Universitarios de Arquitectura, n.º 5 (Madrid: Mairea; Celeste, 2001).

3. Es algo que quedó de manifiesto, por ejemplo, en el último congreso de la Asociación de Historiadores de la Arquitectura y el Urbanismo (AhAU), celebrado en Madrid en junio de 2022: Salvador Guerrero y Joaquín Medina Warmburg, eds., *Lo construido y lo pensado. Correspondencias europeas y transatlánticas en la historiografía de la arquitectura / Built and Thought. European and Transatlantic Correspondence in the Historiography of Architecture* (Madrid: AhAU, 2022). Es de gran relevancia la conferencia inaugural de dicho congreso, que ha sido objeto de una edición separada: Jean-Louis Cohen, *Sobre la historiografía de la arquitectura en la era de la máquina / On the Historiography of Architecture in the Machine Age*, trad. por Ana del Cid Mendoza, colección Ah, editada por Julio Garnica, n.º 05 (Madrid: AhAU, 2023).

o, en general, el público culto. Este diagnóstico se limita, por el momento, a algunos de los principales libros publicados, excluyendo artículos u otros tipos de textos, blogs, páginas web o materiales en la red, que requieren un estudio paralelo. Y, dentro de los libros, me referiré únicamente a algunas de las obras de carácter generalista que han intentado trazar de manera global la historia de la arquitectura del siglo XX, obviando la bibliografía especializada, abundantísima en los últimos años y que, por supuesto, desbordaría con mucho los límites de este trabajo.

Henry-Russell Hitchcock (1903-1987) es, sin duda, uno de los grandes fundadores de la visión canónica del movimiento moderno imperante hasta tiempos relativamente recientes. La exposición del Museo de Arte Moderno (MoMA) de Nueva York «Modern Architecture: International Exhibition», comisariada por él junto a Philip Johnson, así como el libro escrito por ambos para la misma, *The International Style: Architecture since 1922*[4], constituyen dos de las primeras tentativas de sistematización de la arquitectura contemporánea más avanzada. A menudo se ha destacado cómo la óptica sesgada de Hitchcock y Johnson dejaba fuera a muchos de los protagonistas y de las corrientes más avanzadas del momento; pero habría que añadir que, al mismo tiempo que Peter Behrens, Adolf Loos, Frank Lloyd Wright o los arquitectos expresionistas, también quedaban al margen de esa modernidad, tan acotada como el famoso lecho de Procusto, las mujeres arquitectas, ninguna de las cuales ocupaba un lugar en la exposición ni una cita, por somera que fuese, en el libro.

Más de treinta años después, en 1958, Hitchcock publicó su *Architecture: Nineteenth and Twentieth Centuries*[5], que se convirtió rápidamente en uno de los compendios de arquitectura contemporánea de mayor difusión, gracias en buena medida a su inclusión dentro de la prestigiosa Pelican History of Art (fig. 1). Sin embargo, a pesar del tiempo transcurrido desde 1932 y a que este nuevo libro estaba ya concebido como un manual generalista destinado a abarcar una serie de fenómenos de mucha mayor amplitud, en vano buscaríamos en él una nueva sensibilidad hacia la aportación femenina a la

---

4. Henry-Russell Hitchcock y Philip Johnson, *The International Style: Architecture since 1922* (Nueva York: W. W. Norton, 1932). Traducción española, a cargo de Carlos Albisu, *El estilo internacional: arquitectura desde 1922*, Colección de Arquilectura, n.º 11 (Murcia: Colegio Oficial de Aparejadores y Arquitectos Técnicos; Galería-Librería Yerba; Consejería de Cultura y Educación, 1984).

5. Henry-Russell Hitchcock, *Architecture: Nineteenth and Twentieth Centuries,* The Pelican History of Art, colección editada por Nikolaus Pevsner, n.º Z15 (Harmondsworth-Baltimore-Mitcham, Vic.: Penguin Books, 1958). Traducción española, a cargo de Luis E. Santiago, *Arquitectura de los siglos XIX y XX*, 3.ª ed., colección Manuales Arte Cátedra (Madrid: Cátedra, 1989).

arquitectura del siglo XX: las arquitectas están prácticamente ausentes de este esfuerzo que se pretendía enciclopédico.

Figura 1. Portada del libro *Architecture: Nineteenth and Twentieth Centuries,* de Henry-Russell Hitchcock (Harmondsworth-Baltimore-Mitcham, Vic.: Penguin Books, 1958).

Lo mismo puede decirse de otro de los grandes hitos en la construcción de la mitología oficial de la modernidad arquitectónica: el célebre libro de Nikolaus Pevsner sobre los «pioneros» del movimiento moderno[6], publicado en Inglaterra, la nueva patria de adopción de Pevsner, aunque escrito en gran parte antes de que el autor escapase de la Alemania nazi. Esta tentativa de búsqueda de genealogías decimonónicas para el movimiento moderno constituye uno de los más importantes referentes de la historiografía arquitectónica contemporánea; pero no hay lugar a extenderse aquí sobre toda su importancia, porque, a efectos del tema que nos ocupa, su relevancia es nula: las arquitectas están completamente ausentes.

6. Nikolaus Pevsner, *Pioneers of the Modern Movement from William Morris to Walter Gropius* (Londres: Faber & Faber, 1936). Traducción al español, a cargo de Odilia Suárez y Emma Gregores, *Pioneros del Diseño Moderno: de William Morris a Walter Gropius* (Buenos Aires: Infinito, 1958). A veces se confunde esta obra con otra del propio Pevsner, *The Sources of Modern Architecture and Design,* The World of Art Library (Londres: Thames & Hudson, 1968), que fue traducida al castellano por Juan Eduardo Cirlot con el título de *Los orígenes de la arquitectura moderna y el diseño,* colección Comunicación Visual (Barcelona: Gustavo Gili, 1969).

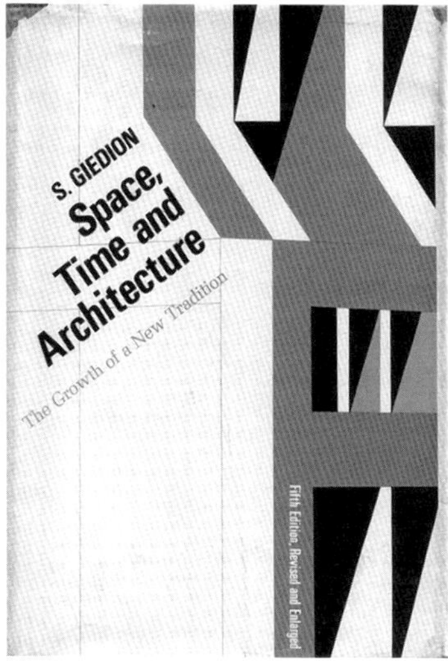

Figura 2. Portada del libro *Space, Time and Architecture. The Growth of a New Tradition,* de Sigfried Giedion, 5.ª ed. (1941; Cambridge, Mass.: Harvard University Press, 1967).

En 1941 apareció uno de los libros de arquitectura más influyentes del siglo XX: *Space, Time and Architecture*[7], de Sigfried Giedion (fig. 2). Hay que recordar que antes de escribir este verdadero manual de la contemporaneidad Giedion había desempeñado un papel esencial en la cristalización de la versión canónica del movimiento moderno. No sólo fue secretario de los Congresos Internacionales de Arquitectura Moderna (CIAM) durante un largo periodo (y en especial en los cuatro primeros, que cimentaron lo que posteriormente sería criticado como la «doctrina CIAM»), sino también autor de obras como *Bauen in Frankreich, Bauen in Eisen, Bauen in Eisenbeton,* publicada en 1928 con tipografía de László Moholy-Nagy.

En *Space, Time and Architecture* podemos contabilizar ya una primera, aunque muy sucinta, aparición de arquitectas. El libro menciona, en efecto, a la británica Jane Drew. Pero contiene, además, un párrafo sobre las dos esposas arquitectas de Alvar Aalto que, por significativo, merece la pena citar en su totalidad:

---

7. Sigfried Giedion, *Space, Time and Architecture. The Growth of a New Tradition,* colección The Charles Eliot Norton Lectures (Cambridge, Mass.: Harvard University Press; Londres: Oxford University Press, 1941). Traducción española, a cargo de Jorge Sainz, *Espacio, tiempo y arquitectura. Origen y desarrollo de una nueva tradición,* ed. definitiva, colección Estudios Universitarios de Arquitectura, n.º 17 (Barcelona: Reverté, 2009).

La conexión inseparable para Aalto entre la productividad y las relaciones humanas explica por qué sus socios profesionales más cercanos fueron mujeres. Primero fue Aino. Luego, unos años después de su muerte, Aalto se casó con la joven Elissa, que había trabajado anteriormente en su estudio. Elissa era una personalidad completamente distinta a Aino, una mezcla de feminidad absoluta y actividad intensiva [...]. La fuerza activa de Elissa apenas resultaba aparente desde fuera; una excepción fue cuando asumió la responsabilidad de la gran casa de Louis Carré en Bazoches. Por otro lado, sabía muy bien que Aalto necesitaba compañía y por eso lo acompañaba incondicionalmente en sus viajes imprevisibles, dondequiera que lo llevasen.[8]

Muy diferente en sus planteamientos es la *Storia dell'architettura moderna* de Bruno Zevi, publicada en 1950[9], así como la publicación posterior de *Spazî dell'architettura moderna*[10] (fig. 3). Es sabido que con Zevi se abre paso un tipo de historiografía que cuestiona la identificación de la modernidad exclusivamente con ciertas propuestas y arquitectos del movimiento moderno y propone una alternativa cuyo pivote central es la obra de Frank Lloyd Wright; un tipo de historiografía que abarca también a arquitecturas hasta entonces proscritas, como el expresionismo.

La presencia de arquitectas en la obra de Zevi es un tanto sorprendente y, en cierto modo, arbitraria. En la *Storia,* no son mencionadas todavía Eileen Gray, Anne Tyng (que desde 1945 ya trabajaba en el estudio de Louis Kahn), Charlotte Perriand, Lilly Reich o Grete Schütte-Lihotzky. Sí aparecen, en cambio, Franca Helg, en su calidad de compañera de estudio de Franco Albini, o la arquitecta polaca Barbara Perchal. También podemos encontrar a Alison Smithson, en pie de igualdad con Peter. Y Aino Aalto es objeto de una valoración algo más generosa que la de Giedion, aunque siempre acantonada en un papel subalterno, descrita como «… la colaboradora hábil y exigente que criba y orienta los impulsos volcánicos del artista»[11]. Otro aspecto de interés del libro de Zevi es el hecho de que su atención a las relaciones entre la arquitectura y las artes plásticas suscite la mención de dos artistas contemporáneas: Marie Laurencin y Varvara Stepánova.

---

8. Giedion, *Espacio, tiempo y arquitectura,* 641.

9. Bruno Zevi, *Storia dell'architettura moderna,* colección Saggi, n.º 136 (Turín: Einaudi, 1950). Traducción española (sobre la 5.ª ed. italiana), a cargo de Roser Berdagué, *Historia de la arquitectura moderna* (Barcelona: Poseidón, 1980).

10. Bruno Zevi, *Spazî dell'architettura moderna,* colección Saggi, n.º 510 (Turín: Einaudi, 1973). Traducción española, a cargo de Roser Berdagué, *Espacios de la arquitectura moderna* (Barcelona: Poseidón, 1980).

11. Zevi, *Historia de la arquitectura moderna,* 237.

Figura 3. [Izda.] Portada del libro *Storia dell'architettura moderna: dalle origini al 1950,* de Bruno Zevi, 4.ª ed. (1950; Turín: Einaudi, 1961). [Dcha.] Portada del libro *Spazî dell'architettura moderna,* también de Bruno Zevi (Turín: Einaudi, 1973).

Veintitrés años más tarde, *Spazî dell'architettura moderna,* que era básicamente un amplio repertorio de imágenes complemento a la *Storia,* perdía la oportunidad de abrir un mayor espacio a la contribución femenina. Podemos registrar la presencia, prácticamente anecdótica, de las arquitectas británicas Ursula Bowyer y Jane Drew, la italiana Letizia Gelli Mazzucato o la norteamericana Sarah Harkness; pero continúan la mayor parte de las ausencias que ya destacábamos en la obra de 1950, y, por ejemplo, la casa californiana de los Eames sigue siendo atribuida en exclusiva a Charles.

Podemos pasar con rapidez por la *Theory and Design in the First Machine Age*[12], una obra de Reyner Banham, publicada en 1960, que en muchos aspectos supuso una renovación del panorama historiográfico en estrecha conexión con el propio debate arquitectónico del momento (recuérdese, por ejemplo, su fundamentación teórica del brutalismo o su famosa polémica con Ernesto Nathan Rogers). Sin embargo, uno de estos aspectos innovadores no fue precisamente el correspondiente a la presencia femenina en la arquitectura del siglo XX, ya que a lo largo de todas las páginas de su libro no aparece citada ni una sola mujer arquitecta.

12. Reyner Banham, *Theory and Design in the First Machine Age* (Nueva York: Praeger, 1960). Traducción al español, a cargo de Luis Fabricant, *Teoría y diseño arquitectónico en la era de la máquina,* colección Arquitectura Contemporánea (Buenos Aires: Nueva Visión, 1965).

Figura 4. [Izda.] Portada del libro *Storia dell'architettura moderna*, de Leonardo Benevolo, 2 vols. (Bari: Laterza, 1960). [Dcha.] Portada de la edición española, a cargo de Mariuccia Galfetti, Juan Díaz de Atauri y Anna Maria Pujol, *Historia de la arquitectura moderna*, 2.ª ed. (Barcelona: Gustavo Gili, 1974).

Sin embargo, ese mismo año de 1960 es también el de la publicación de la *Storia dell'architettura moderna* de Leonardo Benevolo[13], sin duda el compendio de arquitectura contemporánea más influyente durante al menos tres décadas, en las que desempeñó el doble papel de venerado manual de referencia para los estudiantes de arquitectura e historia del arte y de cómodo prontuario de codificación de lo moderno para toda una generación de arquitectos en ejercicio (fig. 4).

Benevolo es un pionero en el reconocimiento de la aportación realizada por las mujeres en el episodio más paradigmático de la modernidad: la Bauhaus. Al lado de todos los protagonistas masculinos del experimento weimariano, en su *Storia* hacen por primera vez su aparición Gunta Stölzl y Marianne Brandt (esta última, además, con su obra en dos fotografías, algo que nos recuerda cómo el estudio de la historiografía de la arquitectura moderna debe incluir el análisis de los repertorios iconográficos en la misma medida que el de los desarrollos escritos).

Relacionada igualmente con la Bauhaus, de manera indirecta, está Lucia Moholy-Nagy, cuyo papel esencial fue reconocido en su momento

13. Leonardo Benevolo, *Storia dell'architettura moderna,* 2 vols. (Bari: Laterza, 1960). Traducción española (sobre la 4.ª ed. italiana), a cargo de Mariuccia Galfetti, Juan Díaz de Atauri y Anna Maria Pujol, *Historia de la arquitectura moderna,* 2.ª ed., Biblioteca de Arquitectura (Barcelona: Gustavo Gili, 1974).

por su esposo, László Moholy-Nagy, y que aparece también mencionada por Benevolo. El panorama centroeuropeo registra, asimismo, las primeras menciones de Lilly Reich y de Margarete Schütte-Lihotzky. Y hay que reseñar, además, una presencia inesperada: la de la arquitecta danesa Eva Koppel. También aparecen mencionadas Charlotte Perriand, no solo ya en su relación con Le Corbusier sino también a propósito de sus propias experiencias en Japón, así como Jane Drew, en conexión con el proyecto corbusieriano de Chandigarh.

Está claro, pues, que el libro de Benevolo, tan innovador en muchos aspectos, lo era también en cuanto al registro de presencias femeninas. No obstante, hay igualmente ausencias bastante clamorosas, sobre todo por tratarse de arquitectas a las que, en la época de la redacción del libro (o al menos de sus ediciones posteriores), se les reconocía ya un papel destacado y eran sin duda perfectamente conocidas por el autor. La imagen pública dual del matrimonio Smithson estaba a esas alturas tan consolidada que no sorprende que en el libro de Benevolo aparezca citada Alison. Pero es bien significativo, por ejemplo, que se mencione a Pietro Maria Bardi, pero no todavía a su esposa, la hoy mucho más conocida Lina Bo Bardi, o que esté presente Charles Eames, pero sin la más mínima mención a Ray. Tampoco hay mención alguna de Anne Tyng, a pesar del relevante papel que en su discurso historiográfico otorgaba ya Benevolo a Louis Kahn. Y, por último, continúa clamorosamente ausente Eileen Gray, que aún tardaría más de una década en encontrar un hueco en el relato historiográfico de la arquitectura contemporánea.

En 1976 dicho relato conoció un importante giro con la publicación de la *Architettura Contemporanea* de Manfredo Tafuri y Francesco Dal Co[14], en la que la radical renovación crítica de la mirada histórica elaborada en Venecia en el seno del Istituto Universitario di Architettura (IUAV) saltaba desde la investigación especializada a la síntesis global (fig. 5). En el libro de Tafuri y Dal Co ya hace por fin su aparición Eileen Gray, y están además Lilly Reich, Jane Drew (siempre a propósito de Chandigarh), Alison Smithson, Denise Scott Brown, Franca Helg (siempre en calidad de *partner* de Franco Albini) o Gae Aulenti. No son mencionadas, sin embargo, Charlotte Perriand, Margarete Schütte-Lihotzky, Lucia Moholy-Nagy, Anne Tyng o Lina Bo Bardi. Hay que tener en cuenta, no obstante, que se trataba de una obra cuyo carácter es mucho más de reflexión teórico-histórica que de

14. Manfredo Tafuri y Francesco Dal Co, *Architettura Contemporanea,* colección Storia Universale dell'Architettura, n.º 11 (Milán: Electa, 1976). Traducción española, a cargo de Luis Escolar Bareño, *Arquitectura contemporánea,* colección Historia Universal de la Arquitectura (Madrid: Aguilar, 1978).

compendio enciclopédico, por lo que resulta difícil establecer una comparación con otras síntesis similares en el aspecto concreto de ausencia o presencia de arquitectas.

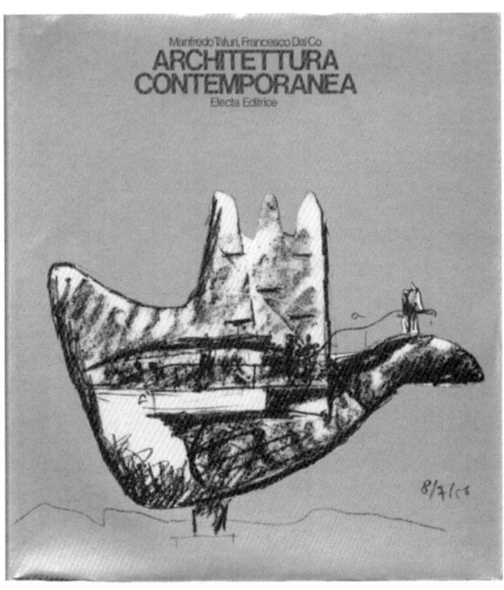

Figura 5. Portada del libro *Architettura Contemporanea,* de Manfredo Tafuri y Francesco Dal Co (Milán: Electa, 1976).

Cuatro años más tarde, en 1980, apareció la primera edición (seguida después por otras cuatro en 1985, 1992, 2007 y 2020) de uno los libros de historia de la arquitectura más influyentes de las cuatro últimas décadas: *Modern Architecture. A Critical History,* de Kenneth Frampton[15] (fig. 6 izda.). La visión historiográfica de Frampton, directamente conectada a su tan debatida propuesta teórica del *regionalismo crítico,* evidenciaba ya con claridad, al igual que el libro de Tafuri y Dal Co (aunque desde otras premisas metodológicas), la quiebra del relato fundador del movimiento moderno, dando entrada a propuestas, arquitectos y problemas hasta entonces prácticamente silenciados.

No es de extrañar, en este sentido, que la presencia de arquitectas en *Modern Architecture* sea mucho más notable, cuantitativa y cualitativamente, que en cualquiera de las grandes síntesis precedentes. Ahora Charlotte Perriand es, por ejemplo, mencionada por sí misma, no ligada a la figura de

15. Kenneth Frampton, *Modern Architecture. A Critical History,* The World of Art Library (Londres: Thames & Hudson, 1980). Traducción al español, a cargo de Esteve Riambau i Sauri, *Historia crítica de la arquitectura moderna,* colección Estudio Paperback (Barcelona: Gustavo Gili, 1981).

Le Corbusier. Eileen Gray adquiere también un nuevo relieve, catalogada junto a Charlotte Perriand como representantes de una cierta «tradición neocubista». Están igualmente presentes Margarete Schütte-Lihotzky, Lilly Reich o Lidia Komarova. Ray Eames, Alison Smithson y Denise Scott Brown ocupan un lugar propio junto a sus respectivos maridos, al igual que Margaret Macdonald. Es de destacar también la aparición de Anne Tyng al hablar de Louis Kahn. Sin embargo, como ocurría en el caso de Leonardo Benevolo, volvía a ser mencionado Pietro Maria Bardi, pero no Lina Bo Bardi. Estas referencias fueron ampliadas en sucesivas ediciones, dando entrada, por ejemplo, a Gae Aulenti, Zaha Hadid o Carme Pinós.

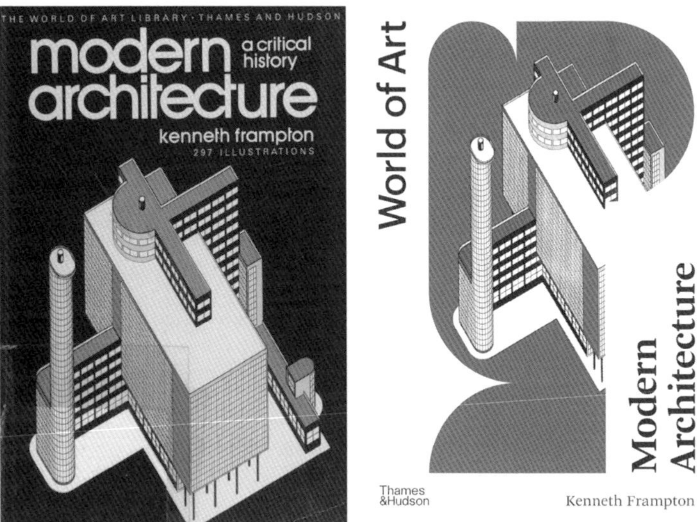

Figura 6. [Izda.] Portada del libro *Modern Architecture. A Critical History,* de Kenneth Frampton (Londres: Thames & Hudson, 1980). [Dcha.] Portada de la quinta edición de *Modern Architecture* (Londres: Thames & Hudson, 2020).

En diversas ocasiones a finales de la década del 2010 Kenneth Frampton fue interrogado sobre qué modificaciones introduciría en su *Modern Architecture* después de treinta años marcados por verdaderos cataclismos intelectuales. En sus respuestas explicaba que daría mucha más relevancia a la arquitectura realizada en Asia, África y Latinoamérica, así como al papel desempeñado por las mujeres en la arquitectura contemporánea.

Un anticipo de esta amplia revisión de su propio esquema originario pudimos ya verlo en 2015, con la publicación de *L'altro Movimento Moderno,* compendio de las lecciones por él impartidas en la Accademia di Architettura de Mendrisio[16]. Este libro daba cabida en capítulos monográficos a figuras tradicionalmente olvidadas en el discurso oficial del movimiento moderno, como, por ejemplo, Pierre Chareau, Antonin Raymond, Berthold Lubetkin o Alejandro de la Sota. Y, a efectos de lo que aquí nos interesa, cabe destacar que una de estas figuras era precisamente Eileen Gray, quien, por vez primera, encontraba no solo una mera mención sino un desarrollo completo de su trayectoria, además de un análisis pormenorizado de la casa E.1027.

Finalmente, en 2020 pudo Frampton dar cumplida satisfacción a su deseo de revisar la *Modern Architecture,* abordando, ya nonagenario, una nueva edición, la quinta[17], de su gran libro seminal (fig. 6 dcha.). En muchos aspectos puede decirse que se trata de un nuevo libro, en el que se registra un gran aumento cuantitativo (el número de páginas prácticamente duplica el de las ediciones anteriores) y cualitativo, en cuanto a la presencia de arquitectos, problemas y áreas geográfico-culturales que antes estaban ausentes, o casi.

En este contexto de ampliación generalizada de nuestra mirada sobre la arquitectura contemporánea, la representación femenina conoce ahora un extraordinario aumento. Podemos encontrar, así, menciones a pensadoras como Hannah Arendt, Beatrice Webb (reformadora social de finales del siglo XIX) o Eila Kivekäs (antropóloga finlandesa que encarga al estudio Heikkinen + Komonen su villa Eila en Guinea). De algunas comitentes femeninas, como Hélène de Mandrot, Edith Farnsworth o Phyllis Lambert, se destaca igualmente su papel en ciertos proyectos o iniciativas. La presencia de mujeres artistas es asimismo mucho más nutrida que en la primera edición, fruto a su vez de una creciente atención a la relación arte-arquitectura. Si ya desde ediciones anteriores podíamos encontrar, por ejemplo, a la cineasta nazi Leni Riefenstahl, aparecen ahora también menciones a Sophie Taeuber-Arp, Sonia Delaunay, Maria Sèthe (diseñadora de moda y esposa de Henry van de Velde), Frida Kahlo o Josephine Baker.

La arquitectura europea está diversamente presente en el libro de Frampton. La única figura italiana es Gae Aulenti (desaparece la hasta entonces casi omnipresente Franca Helg). Inglaterra está representada por Lindsay Drake, miembro del grupo Tecton. Irlanda, además de por Eileen Gray, lo está por Yvonne Farrell, Shelley McNamara (del estudio Grafton Architects) y Sheila

16. Kenneth Frampton, *L'altro Movimento Moderno* (Mendrisio: Mendrisio Academy Press; Milán: Silvana, 2015). Traducción española, a cargo de Jorge Sainz, *El otro Movimiento Moderno. Arquitectura, 1920-1970,* colección Estudios Universitarios de Arquitectura, n.º 34 (Barcelona-Bogotá-Buenos Aires-México: Reverté, 2023).

17. Kenneth Frampton, *Modern Architecture. A Critical History,* 5.ª ed., colección World of Art (Londres: Thames & Hudson, 2020). En el momento de escribirse este trabajo está prevista la próxima aparición de una traducción española de esta última edición.

O'Donnell (del estudio O'Donnell + Tuomey). Alemania, además de por Lilly Reich, Margarete Schütte-Lihotzky y las dos *bauhäuslerinnen* Gunta Stölzl y Marianne Brandt, por Doris Thut y Charlotte Frank (colaboradora de Axel Schultes). Suiza, por Annette Gigon (del estudio Gigon/Guyer de Zúrich). Francia, además de por Charlotte Perriand, por Françoise-Hélène Jourda, Anne Lacaton o Christine Rousselot. Escandinavia, por Aino Aalto, las danesas Malene Bjørn y Karin Skousbøll y las finlandesas Marja-Riitta Norri, Käpy Paavilainen y Raili Pietilä. La arquitectura soviética, por la constructivista Lidia Komarova. Hay que reseñar también la presencia de la arquitecta griega Agnes Couvelas y la belga Hilde Daem.

Gracias al profundo conocimiento por parte de Frampton de la arquitectura de nuestro país, la presencia de arquitectas españolas es una de las que sufren un mayor incremento. En esta nueva edición están, por ejemplo, Cayetana de la Quadra-Salcedo (del estudio Churtichaga + Quadra-Salcedo), por su biblioteca de Villanueva de la Cañada; Ángela García de Paredes, en concreto con la Biblioteca Pública de Ceuta; Carme Pinós, con una imagen del cementerio de Igualada, y Fuensanta Nieto, con ilustraciones del Museo Madinat al-Zahra y del bloque de viviendas de la SE-30 en Sevilla.

Entre las arquitectas norteamericanas, además de la mayor relevancia otorgada a Ray Eames o a Denise Scott Brown, figuran ahora Marion Mahony Griffin, Elizabeth Mock (discípula de Frank Lloyd Wright), Adèle Naudé Santos (nacida en Sudáfrica), la artista musivaria Catherine Ostertag y Billie Tsien, así como la canadiense Patricia Patkau. Las japonesas están representadas por Itsuko Hasegawa y Kazuyo Sejima. Aparecen, por otra parte, la diseñadora de interiores israelí Dora Gad y la arquitecta china Lu Wenyu (del Amateur Architecture Studio). Y, como era de esperar, es objeto de una especial relevancia la arquitecta internacional por excelencia de los años a caballo entre el siglo XX y el XXI, Zaha Hadid, cuya obra es referida en tres ocasiones distintas.

La presencia latinoamericana aumenta de manera clara. Encontramos a Lina Bo Bardi, con el Museo de Arte de São Paulo (MASP) pero también, con mucha más relevancia, con el SESC Fábrica Pompéia. Y figuran igualmente arquitectas como la argentina Alicia Cazzaniga (conocida como Chiquita y citada en su asociación con Clorindo Testa), la peruana Sandra Barclay (con dos ilustraciones) o la colombiana María Elvira Madriñán (socia y esposa de Rogelio Salmona), además de la escultora chilena Marcela Correa.

La arquitectura australiana, prácticamente ausente en las anteriores ediciones salvo por el caso icónico de la Ópera de Sídney, goza ahora de un capítulo completo y gana peso en general (con la incorporación de Glenn Murcutt) pero también en cuanto a representación femenina. Son mencionadas Kerry

Clare, integrante del estudio Lindsay + Kerry Clare; Wendy Lewin, esposa y colaboradora de Murcutt, y Jennifer Taylor, de la que se reseña no solo su faceta profesional sino su papel pionero de crítica e historiadora de la arquitectura australiana.

Destaca también, en esta última edición de *Modern Architecture,* una novedosa atención a la arquitectura de países ajenos a la cultura occidental. Podemos encontrar, así, en sus páginas a Minnette de Silva, la primera arquitecta de Sri Lanka, a la paquistaní Yasmeen Lari y a la arquitecta de Bangladés Marina Tabassum.

Como último aspecto a destacar, la creciente sensibilidad paisajística y la consolidación de una investigación específica sobre este problema se traduce, en la última edición del libro de Frampton, en una abundante presencia de arquitectas paisajistas o relacionadas con intervenciones en parques o jardines. Ya en las ediciones anteriores se recogía, por ejemplo, la figura pionera de Gertrude Jekyll, quien, hasta su muerte en 1932, se convirtió en una de las principales referencias del paisajismo del primer siglo XX. Ahora nos encontramos, además, con los casos de la paisajista francesa Christine Dalnoky, la brasileña Mina Klabin (esposa, a su vez, del arquitecto ruso instalado en Brasil Gregori Warchavchik), la canadiense Cornelia Oberlander o las estadounidenses Martha Schwartz y Laurinda Hope Spear.

De 1982 data otro de los hitos historiográficos de la arquitectura contemporánea, la *Modern Architecture since 1900* de William Curtis, una obra enormemente influyente desde el mismo momento de su aparición y que fue objeto de una amplia revisión en 1996[18] (fig. 7).

Entre ambas ediciones podemos detectar una evolución similar a la registrada por Kenneth Frampton –aunque mucho más tímida, lo cual sin duda tiene que ver con las fechas de las nuevas ediciones: 1996 para Curtis, 2020 para Frampton–. En la primera versión del libro de Curtis la presencia de arquitectas era prácticamente nula, limitándose a las menciones de Jane Drew y Denise Scott Brown, en ambos casos siempre ligadas a sus *partners* masculinos: la primera en relación con Chandigarh y la segunda en pareja con Robert Venturi.

En la edición revisada de 1996 siguen sin estar presentes personajes de la relevancia de Lina Bo Bardi, Ray Eames, Gae Aulenti o Lilly Reich. Sí aparecen en cambio Margarete Schütte-Lihotzky, Eileen Gray (no solo con la casa E.1027, sino también con la silla Transat), Charlotte Perriand (aunque citada

---

18. William J. R. Curtis, *Modern Architecture since 1900,* 3.ª ed. (Londres: Phaidon, 1996). Traducción española, a cargo de Jorge Sainz Avia, *La arquitectura moderna desde 1900,* 3.ª ed. (Londres: Phaidon, 2006).

solo en función de su colaboración con Le Corbusier), Alison Smithson, Jane Jacobs y, entre las arquitectas de obra más reciente, Zaha Hadid, Carme Pinós (con el cementerio de Igualada) y la norteamericana Judith Chafee.

Figura 7. [Izda.] Portada del libro *Modern Architecture since 1900,* de William Curtis (Oxford: Phaidon, 1982). [Dcha.] Portada de la tercera edición de *Modern Architecture since 1900* (Londres: Phaidon, 1996).

En 1993 Josep Maria Montaner asumió el reto de poner en clave de historia lo sucedido en las últimas décadas del siglo XX, con su *Después del movimiento moderno*[19] (fig. 8). Esta obra, que ha venido siendo complementada en otras publicaciones posteriores del autor, constituía un ambicioso proyecto de ordenación de una inmensa masa de tendencias, grupos, arquitectos e ideas que hasta entonces no parecían susceptibles de una mirada histórica; sin embargo, la presencia de arquitectas en ella no es aún numéricamente importante, aunque se registran novedades de interés.

Dado el ámbito cronológico que abarca el libro, era esperable no hallar en sus páginas a figuras como Margarete Schütte-Lihotzky, Lilly Reich o Charlotte Perriand. De entre las que ya habían sido mencionadas en otros compendios anteriores, vuelven a ser citadas ahora Gae Aulenti, Lina Bo Bardi (aunque solo en una nota), Franca Helg, Denise Scott Brown, Alison Smithson, Anne Tyng (citada como Anne Griswold Tyng) o Zaha Hadid

19. Josep Maria Montaner, *Después del movimiento moderno. Arquitectura de la segunda mitad del siglo XX,* colección Arquitectura ConTextos (Barcelona: Gustavo Gili, 1993).

(esta última incluida en cinco páginas distintas). Aparecen, en cambio, como novedad, Carme Pinós, la italiana Laura Thermes, la arquitecta checa pero instalada en Gran Bretaña Eva Jiricna o las estadounidenses Lauren Kogod y Laurie Hawkinson, así como la canadiense Phyllis Lambert (citada no tanto por su propia arquitectura como por su papel en la construcción del Seagram Building de Mies van der Rohe).

Figura 8. Portada del libro *Después del movimiento moderno. Arquitectura de la segunda mitad del siglo XX,* de Josep Maria Montaner (Barcelona: Gustavo Gili, 1993).

Otras protagonistas femeninas proceden del ámbito artístico, como es el caso de Frida Kahlo o de la diseñadora italiana Lucia Bartolini. Pero quizás la novedad más interesante es el espacio reservado a escritoras, teóricas o historiadoras. Aparecen, así, la periodista, urbanista y reformista social sudafricana Jacqueline Tyrwhitt, la influyente activista y teórica del urbanismo Jane Jacobs y las historiadoras del urbanismo y de la arquitectura Françoise Choay y Maria Luisa Scalvini.

Seis años más tarde se publica una nueva revisión global del ciclo de la modernidad, la *Storia dell'architettura contemporanea* de Giovanni Fanelli y Roberto Gargiani[20] (fig. 9). En ella, los autores proponen una innovadora estructuración de la historia arquitectónica moderna incorporando sus

20. Giovanni Fanelli y Roberto Gargiani, *Storia dell'architettura contemporanea. Spazio, struttura e involucro,* colección Grandi Opere (Roma: Laterza, 1998). No existe, por el momento, traducción al español.

investigaciones previas sobre aspectos como la importancia de la tecnología arquitectónica y de lo constructivo o la problemática del revestimiento.

Figura 9. Portada del libro *Storia dell'architettura contemporanea,* de Giovanni Fanelli y Roberto Gargiani (Roma: Laterza, 1998).

Al lado de esos objetivos, la cuestión de género no parece, sin embargo, prioritaria, ya que la presencia de arquitectas es bastante limitada, ciñéndose a Charlotte Perriand (mencionada solo de pasada), Alison Smithson (citada una sola vez, junto a su marido Peter), Eileen Gray (considerada, junto a Pierre Chareau, como responsable de extender el principio de la movilidad del mueble a la propia arquitectura de los interiores), Anne Tyng (mencionada solo a propósito del Centro Judío de Louis Kahn) o a las escenografías teatrales de Liubov Popova y Varvara Stepánova. Es de reseñar igualmente que Robert Venturi es citado en solitario, sin la más mínima alusión a Denise Scott Brown. Estamos, en suma, ante una obra cuyo indiscutible gran interés y visión profundamente innovadora no llega a penetrar en la cuestión de género.

Es el momento ahora de hablar de dos contribuciones que asumen el formato de diccionario enciclopédico, con entradas por orden alfabético. En primer lugar, la obra colectiva coordinada por Vittorio Magnago Lampugnani, *Encyclopedia of 20th-Century Architecture*[21] (fig. 10). Novedosa

21. Vittorio Magnago Lampugnani, ed., *Encyclopedia of 20th-Century Architecture,* ed. y trad. del alemán por Barry Bergdoll (Nueva York: Harry N. Abrams, 1986). Traducción al español, a cargo

en muchos aspectos, resulta sin embargo decepcionante en lo tocante a la presencia de arquitectas. En sus más de 400 artículos solo tienen entradas propias Gae Aulenti y Jane Drew. El papel de Aino Aalto no solo como esposa sino como arquitecta es, ciertamente, reconocido en la entrada de Alvar Aalto, lo mismo que el de Franca Helg en la de Franco Albini o el de Ray Eames en la encabezada por su marido Charles. Lina Bo Bardi es mencionada de pasada en el artículo dedicado a Brasil. Tres figuras que serían sin duda merecedoras de entrada propia son mencionadas solo de manera indirecta: Anne Tyng en el artículo dedicado a Louis Kahn, Grete Schütte-Lihotzky en el de Ernst May y Charlotte Perriand en el de Le Corbusier, consolidando la imagen de un papel subordinado al de un gran arquitecto.

Figura 10. [Izda.] Portada del libro *Encyclopedia of 20th-Century Architecture,* de Vittorio Magnago Lampugnani, ed. (Nueva York: Harry N. Abrams, 1986). [Dcha.] Portada de la edición española, a cargo de Santiago Castán y Angels González, *Enciclopedia GG de la arquitectura del siglo XX* (Barcelona: Gustavo Gili, 1988).

El segundo diccionario colectivo al que hacíamos referencia es el *Dictionnaire de l'architecture du XXe siècle,* coordinado por Jean-Paul Midant[22] (fig. 11). Esta obra incluye, por el contrario, un numeroso elenco

de Santiago Castán y Angels González, *Enciclopedia GG de la arquitectura del siglo XX,* Biblioteca de Arquitectura (Barcelona: Gustavo Gili, 1988).
        22. Jean-Paul Midant, dir., *Dictionnaire de l'architecture du XXe siècle* (París: Hazan; Institut Français d'Architecture, 1996). Traducción española, a cargo de Juan Calatrava y José Luis López Jiménez,

de arquitectas contemporáneas, a lo cual sin duda no es ajena su mucha mayor extensión (casi 1.000 páginas) y su ambición enciclopédica. Presenta entradas propias para algunas arquitectas cuya presencia, a la altura de la década de 1990, se había consolidado ya de manera insoslayable en el panorama historiográfico, como es el caso de Lina Bo Bardi, Eileen Gray, Zaha Hadid, Charlotte Perriand y Grete Schütte-Lihotzky. Sin embargo, y de forma sorprendente, no ocurre lo mismo con Lilly Reich ni con Anne Tyng, cuya presencia sigue a esas alturas estando diluida en los artículos dedicados a Mies van der Rohe y a Louis Kahn, respectivamente. De igual modo, la arquitecta polaca Helena Syrkus es citada de manera secundaria en la entrada que encabeza en exclusiva su marido Szymon.

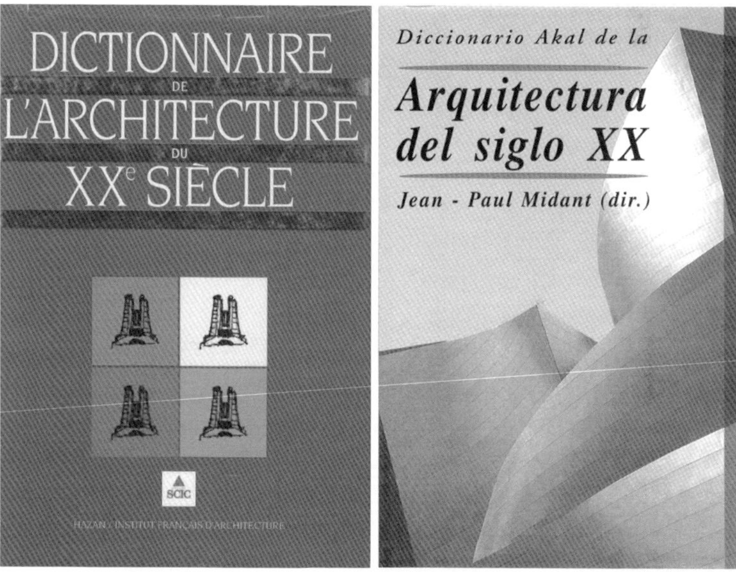

Figura 11. [Izda.] Portada del libro *Dictionnaire de l'architecture du XXᵉ siècle*, coordinado por Jean-Paul Midant (París: Hazan; Institut Français d'Architecture, 1996). [Dcha.] Portada de la edición española, a cargo de Juan Calatrava y José Luis López Jiménez, *Diccionario Akal de la Arquitectura del siglo XX* (Madrid: Akal, 2004).

Diccionario Akal de la Arquitectura del siglo XX, colección Akal Diccionarios, n.º 38 (Madrid: Akal, 2004). Con respecto a la edición española, hay que reseñar que cuenta con una ampliación para la arquitectura española que estuvo a cargo del autor del presente texto. Dicha ampliación, sin embargo, aparece en el libro considerablemente disminuida con respecto a la originalmente diseñada (en la que figuraban algunas arquitectas de nuestro país), debido a un imponderable durante el proceso de edición causado por la pérdida de algunos de los archivos que contenían entradas que finalmente no aparecieron.

Algunas entradas del *Dictionnaire* recuperan casos de figuras históricas tradicionalmente obviadas. Destacan, en este sentido, dos arquitectas pioneras norteamericanas poco conocidas y que seguramente encontraban ahora su primera mención en una obra de carácter general. En primer lugar, Julia Morgan, primera mujer titulada en ingeniería en Berkeley, que estudió después arquitectura en la École des Beaux-Arts de París y que mantuvo en California desde 1904 un estudio independiente en el que se realizaron más de 800 proyectos. Y, en segundo lugar, Eleanor Raymond, arquitecta que ejerció la profesión en Boston desde 1919 a 1973, a la cabeza de un estudio independiente a partir de 1928. También podríamos incluir en este grupo a la arquitecta y teórica estadounidense Catherine Bauer, a la también norteamericana Marion Lucy Mahony Griffin (esposa y colaboradora de Walter Burley Griffin), a Lotte Stam-Beese (arquitecta y urbanista holandesa, esposa de Mart Stam pero con entrada propia), y a las británicas Gertrude Jekyll y Elizabeth Scott (nieta de George Gilbert Scott).

La arquitectura occidental en femenino está ampliamente representada. En el caso de Francia, tienen entrada propia, además de –como era de esperar– el estudio de Lacaton & Vassal (significativamente ya con la entrada por la *l* de Anne Lacaton), Clotilde Barto, Odile Decq, Marion Faunières, Édith Girard y Françoise-Hélène Jourda (en su asociación con Gilles Perraudin). Para Italia, aparece de nuevo Franca Helg, pero ahora ya con su propia obra y no solo por su relación con Franco Albini. Figuran también Gae Aulenti, Laura Thermes (con Francesco Purini), Luisa Parisi Aiani, Nicoletta Cosentino (con Francesco Cellini) o Nanda Vigo. Y, aún sin movernos de Europa, podemos encontrar a las arquitectas británicas Eva Jiricna (nacida en Checoslovaquia) y Patricia Hopkins, la sueca Marianne Dahlbäck, la islandesa Högna Sigurðardóttir (sin entrada propia, citada en el artículo «Islande») o las suizas Inès Lamunière, Lux Guyer, Elsa Burckhardt-Blum (pintora además de arquitecta), Léonie Geisendorf (instalada en Suecia después de trabajar con Le Corbusier), Flora Ruchat-Roncati y Marie-Claude Bétrix (con Eraldo Consolascio).

La representación norteamericana es igualmente abundante. Elizabeth Diller encabeza la entrada del estudio que comparte con Ricardo Scofidio. Se suceden, además, Ghislaine Hermanuz (nacida en Suiza, pero establecida en Nueva York), Margaret McCurry, Toshiko Mori (nacida en Japón, pero establecida en Nueva York), Elizabeth Moule, Elizabeth Plater-Zyberk (con Andrés Duany), Rosa Navia (cubana con estudio en Miami), Eleanor Raymond o Karen Van Lengen. A ellas hay que añadir las arquitectas canadienses Patricia Patkau, Marianne McKenna (estudio KPMB) y Blanche Lemco van Ginkel, así como Elin Corneil, nacida en Noruega pero activa en

Canadá en el estudio que comparte con su esposo Carmen Coneil. En cuanto a la arquitectura japonesa, muy presente en el *Dictionnaire,* hay, aparte de menciones ocasionales en otros artículos, cuatro entradas específicas de arquitectas: las correspondientes a Eikichi Hasebe, Masako Hayashi, Itsuko Hasegawa y Kazuyo Sejima.

Podemos encontrar, del mismo modo, una novedosa atención a las mujeres arquitectas de países hasta entonces muy poco atendidos por la historiografía. Hay, así, entradas específicas para la argentina Susana Torre, la israelí Gina Averbuch (la primera mujer en proyectar una sinagoga), la paquistaní Yasmeen Lari, el estudio activo en la India formado por el indio Jabir Sachdev y la australiana Rosemary Eggleston o el estudio australiano formado por Maggie Edmond y Peter Corrigan.

La última de las grandes tentativas de síntesis histórica de la arquitectura del siglo XX es la planteada por el recientemente desaparecido Jean-Louis Cohen. Después de sus grandes contribuciones sobre Le Corbusier, André Lurçat, el fenómeno del americanismo en arquitectura, la imagen de la metrópolis contemporánea, la arquitectura soviética, Mies van der Rohe o la arquitectura y el urbanismo de Argel, Cohen decide en 2012 abordar una obra de síntesis: *L'Architecture au futur depuis 1889*[23] (fig. 12).

Figura 12. [Izda.] Portada del libro *L'Architecture au futur depuis 1889,* de Jean-Louis Cohen (París: Phaidon, 2012). [Dcha.] Portada de la edición paralela en inglés, *The Future of Architecture. Since 1889* (Londres: Phaidon, 2012).

23. Jean-Louis Cohen, *L'Architecture au futur depuis 1889* (París: Phaidon, 2012).

Coherentemente con la relevancia otorgada por Cohen a la relación entre la arquitectura y otros ámbitos de la cultura contemporánea, y en especial las artes plásticas, en su revisión historiográfica hay un lugar para los artistas y, en nuestro caso, para las mujeres artistas. Son citadas en su libro Frances y Margaret Macdonald, integrantes femeninas de los famosos Cuatro de Glasgow, la pintora expresionista Paula Modersohn-Becker, Sonia Delaunay, Katarzyna Kobro (escultora polaca constructivista), Marie Laurencin, Liubov Popova o Sophie Taeuber-Arp, aunque sorprendentemente no encontramos mención alguna a Lucia Moholy-Nagy. También se menciona a Margherita Sarfatti, la amante de Mussolini, por su influyente papel cultural en el fascismo.

Están presentes, además, algunas destacadas intelectuales no arquitectas, como Elisa Maillard, matemática que tuvo una fuerte influencia en la creación del Modulor corbusieriano, o el importante dúo formado por la francesa Paulette Bernège y la norteamericana Christine Frederick: periodista la primera y economista la segunda, ambas fueron expertas en el tema de la domesticidad moderna e inspiradoras de la aplicación de los principios tayloristas a la cocina que se plasmarían en la célebre Frankfurter Küche de Grete Schütte-Lihotzky (también mencionada, por supuesto, en el libro de Cohen).

Otras mujeres influyentes de un modo u otro en la arquitectura del siglo XX, por su relevancia cultural o por su papel de comitentes o de mecenas, ocupan asimismo un lugar en el relato trazado por Cohen. Es el caso, por ejemplo, de Gabrielle de Monzie (a propósito de la villa Stein-De Monzie de Le Corbusier), de la escritora argentina Victoria Ocampo o de Jane Heap (editora de la influyente publicación cultural *The Little Review)*. También podemos incluir en este mismo grupo a Winnaretta Singer, princesa de Polignac, relacionada con Le Corbusier y figura central del mecenazgo artístico en el París de los años 20, o a Manorama Sarabhai, comitente de la villa Sarabhai de Le Corbusier, en Ahmedabad. Podemos añadir, igualmente, a la escritora alemana Inge Aicher-Scholl, citada a propósito de su papel en la creación de la Hochschule für Gestaltung de Ulm.

A la altura de 2012 hay algunas arquitectas que son ya hitos consolidados en el relato de la arquitectura contemporánea. Así, no sorprende que en el libro de Cohen aparezcan de nuevo Denise Scott Brown, Eileen Gray (ampliamente citada, con una ilustración del interior de la casa E.1027), Lina Bo Bardi (con el proyecto del SESC Pompéia y el del Museo de Arte de São Paulo), Alison Smithson, Ray Eames, Charlotte Perriand, Lilly Reich y, en cuanto a fechas más recientes, Gae Aulenti, Zaha Hadid, Carme Pinós o Kazuyo Sejima.

De entre el resto del numeroso elenco femenino, para algunas arquitectas no era la primera aparición en alguno de estos compendios generales, como ocurre con Franca Helg, Elizabeth Diller, Elizabeth Plater-Zyberk, Jane Drew, Helena Syrkus o la paisajista Gertrude Jekyll. Son objeto, en cambio, de una primera mención en este tipo de obras la arquitecta griega Suzana Antonakakis (citada a propósito de su proyecto de un hotel en Creta), las holandesas Margaret Kropholler (primera mujer en obtener el título de arquitecta en los Países Bajos y esposa de J. F. Staal) y Caroline Bos (fundadora de UNStudio junto con Ben van Berkel), las norteamericanas Gene Bernofsky (una de las fundadoras, en 1965, de la Drop City de Colorado) y Natalie Griffin de Blois (socia del estudio Skidmore, Owings & Merrill) y la húngara Magda Cordell (miembro del Independent Group de Londres).

Lo que antecede no es sino una primera aproximación, basada únicamente en algunos textos clave, a lo que sin duda podría constituir un proyecto de investigación colectivo cuyo punto de partida, como se señalaba al inicio, debería ser el reconocimiento de la relevancia de la problemática de género en la construcción de una nueva visión histórica de la arquitectura contemporánea.

BIBLIOGRAFÍA

Banham, Reyner. *Theory and Design in the First Machine Age.* Nueva York: Praeger, 1960. Edición española: *Teoría y diseño arquitectónico en la era de la máquina.* Traducido por Luis Fabricant. Colección Arquitectura Contemporánea. Buenos Aires: Nueva Visión, 1965.

Benevolo, Leonardo. *Storia dell'architettura moderna.* 2 vols. Bari: Laterza, 1960. Edición española (versión de la 4.ª ed. italiana): *Historia de la arquitectura moderna.* Traducido por Mariuccia Galfetti, Juan Díaz de Atauri y Anna Maria Pujol. 2.ª ed. Biblioteca de Arquitectura. Barcelona: Gustavo Gili, 1974.

Cohen, Jean-Louis. *L'Architecture au futur depuis 1889.* París: Phaidon, 2012.

— *Sobre la historiografía de la arquitectura en la era de la máquina / On the Historiography of Architecture in the Machine Age.* Traducido por Ana del Cid Mendoza. Colección Ah, editada por Julio Garnica, n.º 05. Madrid: Asociación de Historiadores de la Arquitectura y el Urbanismo (AhAU), 2023.

Corbin, Alain. *El territorio del vacío. Occidente y la invención de la playa (1750-1840).* Traducido por Danielle Lacascade. Biblioteca Mondadori, n.º 37. Barcelona: Mondadori, 1993.

Curtis, William J. R. *Modern Architecture since 1900*. 3.ª ed. Londres: Phaidon, 1996. Edición española: *La arquitectura moderna desde 1900*. Traducido por Jorge Sainz Avia. 3.ª ed. Londres: Phaidon, 2006.

Fanelli, Giovanni, y Roberto Gargiani. *Storia dell'architettura contemporanea. Spazio, struttura e involucro*. Colección Grandi Opere. Roma: Laterza, 1998. No existe, por el momento, traducción al español.

Frampton, Kenneth. *Modern Architecture. A Critical History*. The World of Art Library. Londres: Thames & Hudson, 1980. Edición española: *Historia crítica de la arquitectura moderna*. Traducido por Esteve Riambau i Sauri. Colección Estudio Paperback. Barcelona: Gustavo Gili, 1981.

— *L'altro Movimento Moderno*. Mendrisio: Mendrisio Academy Press; Milán: Silvana, 2015. Edición española: *El otro Movimiento Moderno. Arquitectura, 1920-1970*. Traducido por Jorge Sainz. Colección Estudios Universitarios de Arquitectura, n.º 34. Barcelona-Bogotá-Buenos Aires-México: Reverté, 2023.

— *Modern Architecture. A Critical History*. 5.ª ed. Colección World of Art. Londres: Thames & Hudson, 2020. Edición española en preparación.

Giedion, Sigfried. *Space, Time and Architecture. The Growth of a New Tradition*. Colección The Charles Eliot Norton Lectures. Cambridge, Mass.: Harvard University Press; Londres: Oxford University Press, 1941. Edición española consultada: *Espacio, tiempo y arquitectura. Origen y desarrollo de una nueva tradición*. Traducido por Jorge Sainz. Edición definitiva. Colección Estudios Universitarios de Arquitectura, n.º 17. Barcelona: Reverté, 2009.

Guerrero, Salvador, y Joaquín Medina Warmburg, eds. *Lo construido y lo pensado. Correspondencias europeas y transatlánticas en la historiografía de la arquitectura / Built and Thought. European and Transatlantic Correspondence in the Historiography of Architecture*. Madrid: AhAU, 2022.

Hitchcock, Henry-Russell, y Philip Johnson. *The International Style: Architecture since 1922*. Nueva York: W. W. Norton, 1932. Edición española: *El estilo internacional: arquitectura desde 1922*. Traducido por Carlos Albisu. Colección de Arquilectura, n.º 11. Murcia: Colegio Oficial de Aparejadores y Arquitectos Técnicos; Galería-Librería Yerba; Consejería de Cultura y Educación, 1984.

Hitchcock, Henry-Russell. *Architecture: Nineteenth and Twentieth Centuries*. The Pelican History of Art, colección editada por Nikolaus Pevsner, n.º Z15. Harmondsworth-Baltimore-Mitcham, Vic.: Penguin Books, 1958. Edición española: *Arquitectura de los siglos XIX y XX*. Traducido por Luis E. Santiago. 3.ª ed. Colección Manuales Arte Cátedra. Madrid: Cátedra, 1989.

Lampugnani, Vittorio Magnago, ed. *Encyclopedia of 20th-Century Architecture*. Editado y traducido del alemán por Barry Bergdoll. Nueva York: Harry N. Abrams, 1986. Edición española: *Enciclopedia GG de la arquitectura del siglo XX*. Traducido por Santiago Castán y Angels González. Biblioteca de Arquitectura. Barcelona: Gustavo Gili, 1988.

Midant, Jean-Paul, dir. *Dictionnaire de l'architecture du XXe siècle*. París: Hazan; Institut Français d'Architecture, 1996. Edición española: *Diccionario Akal de*

la Arquitectura del siglo XX. Traducido por Juan Calatrava y José Luis López
Jiménez. Colección Akal Diccionarios, n.º 38. Madrid: Akal, 2004.

Montaner, Josep Maria. *Después del movimiento moderno. Arquitectura de la segunda
mitad del siglo XX.* Colección Arquitectura ConTextos. Barcelona: Gustavo
Gili, 1993.

Pevsner, Nikolaus. *Pioneers of the Modern Movement from William Morris to Walter
Gropius.* Londres: Faber & Faber, 1936. Edición española: *Pioneros del Diseño
Moderno: de William Morris a Walter Gropius.* Traducido por Odilia Suárez y
Emma Gregores. Buenos Aires: Infinito, 1958.

— *The Sources of Modern Architecture and Design.* The World of Art Library.
Londres: Thames & Hudson, 1968. Edición española: *Los orígenes de la
arquitectura moderna y el diseño.* Traducido por Juan Eduardo Cirlot. Colección
Comunicación Visual. Barcelona: Gustavo Gili, 1969.

Tafuri, Manfredo, y Francesco Dal Co. *Architettura Contemporanea.* Colección
Storia Universale dell'Architettura, n.º 11. Milán: Electa, 1976. Edición
española: *Arquitectura contemporánea.* Traducido por Luis Escolar Bareño.
Colección Historia Universal de la Arquitectura. Madrid: Aguilar, 1978.

Tournikiotis, Panayotis. *The Historiography of Modern Architecture.*
Cambridge, Mass.-Londres: The MIT Press, 1999. Edición española: *La
historiografía de la arquitectura moderna: Pevsner, Kaufmann, Giedion, Zevi,
Benevolo, Hitchcock, Banham, Collins, Tafuri.* Traducido por Jorge Sainz.
Colección Manuales Universitarios de Arquitectura, n.º 5. Madrid: Mairea;
Celeste, 2001.

Zevi, Bruno. *Storia dell'architettura moderna.* Colección Saggi, n.º 136. Turín:
Einaudi, 1950. Edición española (versión de la 5.ª ed. italiana): *Historia
de la arquitectura moderna.* Traducido por Roser Berdagué. Barcelona:
Poseidón, 1980.

— *Spazî dell'architettura moderna.* Colección Saggi, n.º 510. Turín: Einaudi, 1973.
Edición española: *Espacios de la arquitectura moderna.* Traducido por Roser
Berdagué. Barcelona: Poseidón, 1980.

IV

Narrar historias sobre mujeres arquitectas. Paradigmas, dilemas y retos

HILDE HEYNEN, LUCÍA C. PÉREZ-MORENO[1]

INTRODUCCIÓN. CUATRO PARADIGMAS

Los estudios sobre mujeres y arquitectura se han desarrollado cuantitativa y cualitativamente a lo largo de las últimas cinco décadas. En su mayoría, se han inspirado en diferentes formas de pensamiento que coinciden más o menos con la secuencia de cuatro olas feministas, siendo posible distinguir cuatro «paradigmas» recurrentes: el pensamiento de la diferencia, el pensamiento de la igualdad, el pensamiento constructivista y el pensamiento interseccional.

El pensamiento de la diferencia fue característico de la primera ola. El movimiento sufragista, que comenzó a principios del siglo pasado, apoyaba la idea de que las mujeres son iguales en derechos a los hombres; no obstante, también defendía que son esencialmente diferentes y, por ello, la sociedad se beneficiaría de una distribución más equitativa del poder. Esta forma de pensar animó a feministas materialistas a abogar por una «gran revolución doméstica»[2], pues consideraban que los principios femeninos relacionados con la domesticidad (cuidado, orden, limpieza, belleza…) debían aplicarse a la organización de toda la sociedad.

---

1. Este texto es una versión del texto original escrito en lengua inglesa y publicado en: Hilde Heynen y Lucía C. Pérez-Moreno, «Narrating Women Architects' Histories. Paradigms, Dilemmas, and Challenges», *arq.Urb,* n.º 35 (septiembre-diciembre 2022): 110-122, doi:10.37916/arq.urb.vi35.635. Responsable de la traducción: Lucía C. Pérez-Moreno.

2. Dolores Hayden, *The Grand Domestic Revolution: A History of Feminist Designs for American Homes, Neighborhoods, and Cities* (Cambridge, Mass.-Londres: The MIT Press, 1981).

El pensamiento igualitario se encuentra en las raíces de la segunda ola del movimiento feminista, la llamada «liberación de la mujer» de los años 60 y 70. Presume que hombres y mujeres son plenamente iguales y comparten las mismas capacidades. Este enfoque ha sido fundamental para crear un marco de igualdad de derechos legales para las mujeres. La igualdad de acceso a la educación y a los estudios universitarios, incluidos los programas de arquitectura, es un claro ejemplo.

Por otro lado, el pensamiento constructivista, vagamente asociado a la tercera ola del feminismo de los años 80 y 90, se centra más en el género como construcción cultural. Defiende la idea de que la arquitectura no es un trasfondo neutro de prácticas sociales discriminatorias, sino que ella misma forma parte del aparato cultural que establece y mantiene las diferenciaciones de género. Este enfoque ha sido el dominante en las publicaciones teóricas sobre arquitectura de finales del siglo XX centradas en el género. Articula cómo las jerarquías arquitectónicas son constitutivas de las diferenciaciones de género, mientras que las jerarquías de género son constitutivas de la arquitectura.

El cuarto paradigma, el interseccional, se basa en la idea de que el género no es más que uno de una serie de parámetros que se entrecruzan en la experiencia individual de la opresión. Este enfoque, que acuñó Kimberlé Crenshaw, surgió durante la tercera ola y se desplegó plenamente en la cuarta, implica que las mujeres, como grupo social, no pueden considerarse como una unidad homogénea. También deben tenerse en cuenta las diferencias de raza o etnia, de clase, de estilo de vida, de preferencia sexual, etc. Son múltiples los ejes de opresión que se suman a la convergencia de género y, juntos, entrelazados, crean situaciones específicas para el desarrollo profesional de las mujeres en la arquitectura que deben estudiarse en su contexto.

El uso del término *paradigma* en este texto, y su vinculación a las cuatro olas del feminismo, no implica que estos paradigmas sigan un curso cronológico y se anulen entre sí. Más bien sugiere que en periodos concretos determinadas formas de pensar tienden a dominar la escena, sin por ello desaparecer por completo en los periodos siguientes. Las escritoras y pensadoras feministas se inspiran a menudo en diferentes paradigmas, y su trabajo no puede reducirse necesariamente a uno de ellos. Así pues, puede afirmarse que el pensamiento de la diferencia no solo es típico de «la gran revolución doméstica» que pretendían las primeras feministas, sino que reapareció a finales del siglo XX como una posible radicalización del pensamiento constructivista. Dentro del pensamiento constructivista, el objetivo central era comprender cómo surgieron las polaridades tradicionalmente marcadas por el género, como público/privado, mente/cuerpo, racional/emocional, productivo/reproductivo o trabajo/cuidado, y cómo se utilizaron para posicionar el polo femenino (lo privado, lo emocional…) como si fuese menos importante y menos valioso que el polo masculino. El punto de partida del pensamiento constructivista puede situarse en la famosa afirmación de Simone de Beauvoir de que «no se nace mujer, se llega a serlo»[3] y que «llegar a ser mujer» requiere participar en esa «realidad misteriosa y amenazada que es la feminidad»[4]. Beauvoir y otros han demostrado claramente cómo las conceptualizaciones tradicionales de la «feminidad» son descalificadoras, ya que la *feminidad* se define principalmente como un conjunto de privaciones (falta de racionalidad, falta de ambición, falta de espiritualidad…), que fueron determinadas históricamente por una sociedad y una cultura patriarcales opresivas. Esto llevó a algunas pensadoras feministas a avanzar en la dirección opuesta. Para ellas, no basta con entender la marginación histórica de las mujeres como un efecto del papel secundario asignado a la feminidad, sino que desean repensar y reconceptualizar las propias definiciones de feminidad. Los recientes pensadores de la diferencia sexual señalan, así, que es necesario replantearse polaridades como las existentes entre racionalidad y emoción, o entre mente y cuerpo, y redefinir la feminidad desde un punto de vista materialista histórico. Al hacerlo, el empoderamiento de la subjetividad femenina es una tarea clave «tanto en la afirmación positiva (teórica) como en la promulgación concreta (social, jurídica, política)»[5], ya que «la mujer no es ya *diferente de* [los hombres], sino *diferente para* poner en práctica nuevos valores»[6].

Aun con la advertencia de que estos paradigmas no coinciden claramente con periodos históricos concretos, nos parece lógico utilizar estas distinciones para estructurar un relato sobre la historia de la escritura sobre arquitectas. De hecho, podemos detectar una evolución en el modo en que historiadoras y críticas feministas de la arquitectura han participado en la reescritura de la historia de la arquitectura para abrirla a las cuestiones de género y a las aportaciones de las mujeres.

---

3. Simone de Beauvoir, *El segundo sexo,* trad. por Alicia Martorell, colección Feminismos, n.º 85 (Madrid: Cátedra; Valencia: Publicacions de la Universitat de València, 2005), 317. Primera edición en francés, de 1949.

4. Beauvoir, *El segundo sexo,* 48.

5. Rosi Braidotti, *Feminismo, diferencia sexual y subjetividad nómade,* trad. por Gabriela Ventureira y María Luisa Femenías, colección Libertad y Cambio (Barcelona: Gedisa, 2004), 15.

6. Braidotti, *Feminismo, diferencia sexual y subjetividad nómade,* 17.

TEXTOS PIONEROS

De la mano de la segunda ola feminista de los años 60 y 70, varias histo-riadoras de la arquitectura empezaron a estudiar la obra de mujeres arqui-tectas. El libro *From Tipi to Skyscraper: A History of Women in Architecture,* de Doris Cole, y el catálogo de la exposición «Women in American Architecture: A Historic and Contemporary Perspective», de Susana Torre, podrían consi-derarse las primeras obras pioneras en este sentido (fig. 1).

Figura 1. [Izda.] Portada del libro *From Tipi to Skyscraper: A History of Women in Architecture,* de Doris Cole (1973; Cambridge, Mass.-Londres: The MIT Press, 1978). [Dcha.] Portada del libro *Women in American Architecture: A Historic and Contemporary Perspective,* de Susana Torre, ed., publicado con motivo de la exposición homónima celebrada en el Museo de Brooklyn (Nueva York: Whitney Library of Design, 1977).

El libro de Cole, aunque no es un texto riguroso desde el punto de vista académico, fue pionero, ya que fue el primer intento más o menos sistemá-tico de rastrear la contribución de las mujeres al entorno construido a lo largo de los tiempos[7]. El libro abordó cómo entre las tribus indígenas eran las mujeres las que construían tipis, además de destacar cómo mujeres como Jane Addams contribuyeron a la construcción de la ciudad a través de su

---

7. Dolores Hayden, reseña de *From Tipi to Skyscraper: A History of Women in Architecture,* de Doris Cole (Boston, Mass.: I Press, 1973), *Journal of the Society of Architectural Historians* 34, n.º 4 (diciembre 1975): 326, doi:10.2307/989018.

labor social, sin olvidar contar las historias de importantes arquitectas como Julia Morgan o Eleanor Raymond, o comentar la labor de asesoras domésticas que diseñaron planos de viviendas muy sensatas (entre ellas, Catharine Beecher). Aunque historiadores posteriores han profundizado mucho más en estas historias particulares, fue innegablemente la obra de Cole la que abrió este campo y la que propugnó un enfoque novedoso de la historia de la arquitectura. Como antídoto a una historia canónica centrada en «grandes edificios de grandes hombres», Cole se basó en fuentes poco habituales (revistas femeninas o manuales de consejos domésticos) para desarrollar una historia social del impacto de las mujeres en el entorno construido[8]. De este modo, su pensamiento igualitario la llevó a plantearse nuevas preguntas y a demostrar que merecía la pena investigar y contar *herstory*, la 'historia de ellas', de las mujeres, también en el ámbito de la arquitectura.

La exposición de Susana Torre en el Museo de Brooklyn fue un acto directamente relacionado con el recientemente creado Archivo de Mujeres en la Arquitectura de la Architectural League de Nueva York, en Estados Unidos. En ella se recopilaba el trabajo de mujeres profesionales y críticas en el campo de la arquitectura, el urbanismo y el diseño en tres áreas principales: diseñadoras y teóricas de entornos domésticos, biografías de arquitectas profesionales y una selección de edificios ideados por arquitectas.

> Rechazando el enfoque típico centrado en las poquísimas «mujeres excepcionales» que habían sido aceptadas (aunque a regañadientes) por ese *establishment,* la instalación pretendía presentar una visión compleja y matizada de las ideologías que han atado a las mujeres espacialmente a la casa y socialmente a carreras profesionales casi invisibles.[9]

Los trabajos de Cole y Torre abrieron importantes debates, que criticaron la historiografía arquitectónica canónica centrándose en dos cuestiones relacionadas: su énfasis en las carreras de profesionales masculinos individuales y la cuasiausencia de las experiencias de las mujeres en la arquitectura dentro de sus discursos. Así, el reto era (y es) doble: por un lado, era pertinente reconocer que la historiografía canónica se basa y se enmarca en experiencias masculinas y, por otro, era importante crear nuevos conocimientos sobre experiencias femeninas.

8. Andrea J. Merrett, Inés Toscano y Olivier Vallerand, «Reviews for the Special Collection on Architectural Historiography and Fourth Wave Feminism 2020», *Architectural Histories* 8, n.º 1 (2020): Art. 25, 1-2, doi:10.5334/ah.560.

9. Susana Torre, «Women in American Architecture. A Historic and Contemporary Perspective | 1976-1977», Susana Torre (sitio web), consultado 20 de noviembre de 2022, https://www.susanatorre.net/architecture-and-design/making-room-for-women/women-in-american-architecture/.

Esta crítica no era algo nuevo en aquel momento, ya que las historiadoras feministas en el ámbito del arte se ocupaban de preocupaciones similares. Dos años antes del libro de Cole, Linda Nochlin publicó su ensayo seminal *Why Have There Been No Great Women Artists?*, que se centraba en una cuestión posiblemente nuclear tanto en el arte como en la arquitectura: la identificación entre autoría y obra de arte/arquitectura. Esta identificación se basa en una concepción romántica y profundamente arraigada en ambas disciplinas que sitúa al artista y al arquitecto como genio-creador y subraya así su absoluta centralidad en las obras que crea. En la disciplina de la arquitectura, esta idea se promovió también en el siglo XX con el desarrollo de la arquitectura moderna y se ensalzó, aún más, con el *star system* de la arquitectura de finales del siglo XX.

ENFOQUES METODOLÓGICOS

Desde los años 70, las historiadoras feministas se han planteado cómo situar la historia de las arquitectas frente a la historia de la arquitectura dominante. En 1975, la historiadora Gerda Lerner publicó el artículo «Placing Women in History: Definitions and Challenges»[10]; en él analizó este dilema desde un punto de vista metodológico (referido a la historia del arte en general). Lerner diferenciaba entre dos niveles de escritura de la historia de las mujeres: la «historia de la compensación» y la «historia de la contribución». El primer nivel se centra en «escribir la historia de las "mujeres dignas"»[11]. Las principales preguntas de investigación que se plantean aquí son: «¿Quiénes son las mujeres que faltan en la historia? ¿Quiénes son las mujeres de éxito y qué consiguieron?». Estas preguntas impulsan a las historiadoras a recuperar el trabajo de las «mujeres notables», que suelen ser excepcionales pero que «no describen la experiencia y la historia del conjunto de mujeres»[12]. Desde el punto de vista del pensamiento de la igualdad, tiene sentido buscar arquitectas que puedan ocupar legítimamente su lugar dentro de los discursos canónicos y cuyas capacidades y autoría las sitúen claramente a la altura de sus colegas masculinos. Sin embargo, este enfoque metodológico nos conduce a una investigación histórica sobre mujeres arquitectas cuyos diseños «encajan» en los valores aceptados por la historiografía arquitectónica consolidada.

---

10. Gerda Lerner, «Placing Women in History: Definitions and Challenges», *Feminist Studies* 3, n.º 1/2 (otoño 1975): 5-14, doi:10.2307/3518951.

11. Lerner, «Placing Women in History», 5.

12. Lerner, «Placing Women in History», 5.

La historia de la compensación está, pues, muy presente en la recuperación de las llamadas «pioneras», las primeras generaciones de arquitectas que, en su mayoría, desarrollaron su carrera profesional en el primer movimiento moderno. Estas mujeres eran, principalmente, profesionales blancas privilegiadas que, al recibir formación reglada en diseño y/o arquitectura, pudieron desafiar las normas de género de su época y las expectativas de sus respectivos contextos sociales. La recuperación de sus vidas y sus obras ha sido una línea de investigación muy importante dentro de la historiografía feminista de la arquitectura, dando lugar a monografías sobre pioneras de la arquitectura moderna, como Lilly Reich, Eileen Gray o Charlotte Perriand (fig. 2), o primeras arquitectas tituladas oficialmente, como la española Matilde Ucelay, entre muchas otras arquitectas sobresalientes como Julia Morgan, Lina Bo Bardi o Zaha Hadid.

Figura 2. [Izda.] Portada del libro *Lilly Reich: Designer and Architect,* de Matilda McQuaid, publicado con motivo de la exposición homónima celebrada en el Museo de Arte Moderno (MoMA) de Nueva York (Nueva York: The Museum of Modern Art, 1996). [C.] Portada del libro *Eileen Gray: Architect/Designer,* de Peter Adam (Nueva York: Harry N. Abrams, 1987). [Dcha.] Portada de la edición en inglés del libro *Charlotte Perriand,* de Élisabeth Védrenne, con traducción de Linda Jarosiewicz (Nueva York: Assouline, 2005).

Si bien este primer enfoque ha aportado muchas contribuciones valiosas a la historia de la arquitectura, también ha sido criticado porque considera y explica el trabajo de las mujeres desde una perspectiva que da por sentada una sociedad definida por los hombres y, por tanto, evalúa este trabajo con sus propios criterios. Así, las monografías centradas en «grandes mujeres» tienden a explicar el escaso número de arquitectas y sus limitadas contribuciones antes de la década de los 60 como un efecto de las condiciones patriarcales dominantes. Una de las principales preocupaciones de este enfoque es que, a menudo, presenta a las arquitectas como mujeres fuera de las normas socialmente establecidas para su género y, por tanto, «como parte de una minoría»[13], creando narrativas que tienden a una cierta victimización de las mujeres, situadas en una profesión que les es hostil.

En contraste con este primer enfoque, el nivel que Lerner denominaba «historia de la contribución» no se limita a aceptar el sistema de valores historiográficos imperante sino que parte del supuesto de que las mujeres sí contribuyeron al ámbito social, político y/o cultural que se esté estudiando; y se pregunta cómo y qué pudieron aportar. Asimismo, la historia de la contribución tiene que abordar necesariamente cómo los mecanismos patriarcales de discriminación y exclusión pueden haber obstaculizado el trabajo de las mujeres en el entorno construido. Sin embargo, este planteamiento es mucho más amplio que el primero, pues no se centra únicamente en «mujeres notables» que lo consiguieron contra todo pronóstico, sino en una diversidad de mujeres con diferentes funciones y reputaciones. Se puede afirmar que la historia de la contribución ha acercado el campo de la arquitectura a un pensamiento constructivista, al desarrollar investigaciones más afinadas sobre cómo funcionan estos mecanismos de exclusión.

Podría decirse que los volúmenes de Cole y Torre pertenecen a esta categoría, ya que constituyen ejemplos tempranos de cómo centrarse en el papel de la mujer en la arquitectura abre el campo de la historia de la arquitectura a diferentes preguntas y metodologías innovadoras que, en última instancia, conducen a una comprensión diferente a la canónica de lo que es la arquitectura. La obra seminal de Alice Friedman de 1998, *Women and the Making of the Modern House* (fig. 3), ofreció un buen ejemplo de cómo la historia de la contribución puede llevar a cuestionar la autoría, la base sobre la que se construye desde hace tiempo la historia canónica de la arquitectura. Friedman demostró cómo muchas de las casas más famosas del movimiento moderno fueron encargadas por clientas que desempeñaron un papel activo en su diseño al exigir planos y atributos específicos. En el caso de la casa Rietveld-Schröder, por ejemplo, fue la insistencia de Truus Schräder (viuda de Schröder) la que hizo que el plano ofreciera flexibilidad y apertura, permitiendo espacios colectivos e individuales a distintas horas del día y de la noche. Friedman se remontó a la implicación activa de Schräder con las ideas y discursos feministas que estaban en juego en aquel momento en los Países Bajos y que cuestionaban cómo debían convivir hombres y mujeres, o padres e hijos. Así, demostró cómo las construcciones sociales ligadas al género, y asociadas durante mucho tiempo al hogar convencional, podían

---

13. Julie Willis, «Invisible Contributions: The Problem of History and Women Architects», *Architectural Theory Review* 3, n.º 2 (1998): 57, doi:10.1080/13264829809478345.

ser cuestionadas y modificadas por un plan moderno. Asimismo, argumentó que, dada la estrecha colaboración entre arquitecto y clienta, la atribución exclusiva de la autoría a Rietveld es realmente cuestionable. Esto es pensamiento constructivista en estado puro.

Figura 3. Portada del libro *Women and the Making of the Modern House,* de Alice Friedman (Nueva York: Harry N. Abrams, 1998).

DILEMAS HISTORIOGRÁFICOS

No obstante, estos enfoques historiográficos se enfrentan a un dilema fundamental que sigue caracterizando la historiografía de las mujeres en la arquitectura hasta nuestros días: ambos enfoques recuperan el trabajo de estas arquitectas, pero su situación sociológica como mujeres es inseparable de las raíces patriarcales históricas de la profesión, que, de hecho, crean narrativas históricas que refuerzan los enfoques masculinos y normativos de la disciplina. Las mujeres arquitectas tuvieron que negociar este contexto dado, y lo hicieron, por ejemplo, labrándose un espacio al centrarse en lo que la sociedad patriarcal consideraba apropiado para ellas; esto es: la «esfera privada». De ahí que, históricamente, las mujeres arquitectas se hayan ocupado de la arquitectura doméstica, los edificios para la educación de los niños y niñas o los edificios para el cuidado de personas; todos ellos, desde el punto de vista de la disciplina arquitectónica, se consideraban encargos menores y/o con menor prestigio. Así, estas investigaciones reconocen inevitablemente que existe una asimetría histórica entre vivir como mujer y vivir como hombre en diferentes momentos de la historia, lo cual es «producto de la estructuración social de la diferencia sexual y no de ninguna distinción biológica imaginaria»[14].

Las historiadoras feministas tienden a afrontar esta cuestión de diferentes maneras. Las historiadoras de la compensación recuperan el trabajo de las arquitectas haciéndolo encajar en los discursos canónicos (es decir, los creados por historiadores y críticos varones); mientras que las historiadoras de la contribución se centran más bien en el descontento de las arquitectas con los discursos masculinos dominantes, destacando la agencia de las mujeres y su capacidad para generar un cambio significativo en la disciplina. Estos dos tipos de historiadoras trabajan a veces sobre el mismo tema, poniendo de manifiesto diferentes aspectos de una misma obra. Un ejemplo de esta bifurcación puede encontrarse en la bibliografía sobre Eileen Gray. Por un lado, las exposiciones sobre la casa E.1027 se centran en cómo este proyecto convirtió a Gray en una de las pioneras del movimiento moderno, «causando envidia incluso en el mismísimo Le Corbusier»[15]. Mientras que historiadoras como Leslie Kanes Weisman ponen el foco en cómo Gray no estaba de acuerdo con la estética del funcionalismo y lo consideraba «intoxicado por la estética de la máquina»[16]. Gray escribió: «Su deseo de rígida precisión les hace descuidar la belleza de todas estas formas: discos, cilindros, líneas que ondulan o zigzaguean, líneas elípticas que son como líneas rectas en movimiento. Su arquitectura carece de alma»[17].

Lerner se refiere al planteamiento de las historiadoras de la compensación como *male-oriented* ('con enfoque masculino'), ya que su objetivo es explicar cómo las obras de las mujeres son adecuadas para ser incluidas en las narrativas canónicas –las cuales no son cuestionadas desde una perspectiva conceptual–. En cambio, según Lerner, la historia de la contribución es más *female-oriented* ('con enfoque femenino'), ya que su objetivo es centrarse en la agencia de las mujeres y criticar las narrativas canónicas. Este enfoque puede reconocerse en investigaciones recientes de académicas como Mary Pepchinski o Bettina Siegele sobre la arquitecta alemana Karola Bloch, entre otras.

---

14. Griselda Pollock, *Vision and Difference: Femininity, Feminism, and Histories of Art* (Londres-Nueva York: Routledge, 1988), 55.

15. Instituto de Arquitectura de Euskadi, «Eileen Gray: E.1027», Instituto de Arquitectura de Euskadi (sitio web), consultado 20 de noviembre de 2022, https://eai.eus/?exhibitions=eileen-gray-e-1027&lang=es#.

16. Leslie Kanes Weisman, *Discrimination by Design: A Feminist Critique of the Man-Made Environment* (Urbana-Chicago: University of Illinois Press, 1992), 30.

17. Eileen Gray y Jean Badovici, «De l'éclectisme au doute», *L'Architecture Vivante*, n.º 25-26 (otoño-invierno 1929): 20.

Otras pensadoras feministas también han reflexionado sobre este dilema a la hora de abordar el trabajo de las mujeres en el arte o en la arquitectura. Griselda Pollock, por ejemplo, reconoció:

> La historia del arte feminista tiene un doble proyecto. La recuperación histórica de datos sobre mujeres productoras de arte coexiste con una deconstrucción concomitante de los discursos y prácticas de la propia historia del arte, y solo es críticamente posible a través de ella.[18]

Tanto Pollock como Lerner consideran que la historia de la contribución es una etapa importante en la creación de una «verdadera historia de las mujeres»[19]. Sin embargo, Lerner advierte que no es suficiente. La historia de la contribución sigue sin investigar el trabajo de las mujeres por sí mismo, sino que lo revisa desde un punto de vista influido por parámetros canónicos creados por los varones. Sigue ocupándose de las mujeres en una sociedad definida por el hombre e intenta encajarlas en las categorías y sistemas de valores que consideran al hombre la medida de la importancia. Lerner sostiene que las historias de las mujeres escritas hasta su época deberían concebirse como «de transición», ya que el objetivo final debe ser desarrollar un tercer nivel que se base en nuevos criterios y conceptos que no consideren a los varones como la norma y a las mujeres como la excepción. Teóricamente, tanto este tercer nivel de Lerner como la afirmación anterior de Pollock se acercan al paradigma de la diferencia, ya que asumen que la contribución de las mujeres a la historia podría ser diferente a la de los hombres, aportando valores alternativos que deberían evaluarse por sí mismos, y no solo como desviaciones de las normas y expectativas ligadas a la masculinidad patriarcal dominante.

DESMONTANDO EL CANON

Sin embargo, ¿cómo articular estos valores alternativos? Se puede argumentar que las primeras feministas, las que Dolores Hayden denominó «feministas materialistas», avanzaron en este sentido, ya que situaron valores femeninos, como los cuidados, en el centro de sus luchas. Las pensadoras de la diferencia de los años 80 y 90 añadieron a estos valores el compromiso con el papel social de la arquitectura, la flexibilidad, el respeto por el contexto y

---

18. Pollock, *Vision and Difference*, 55.
19. Lerner, «Placing Women in History», 7.

por la naturaleza, la afinidad con la opacidad más que con la transparencia, la inclusión, la sensualidad o lo lúdico. Sin embargo, esta búsqueda de valores femeninos también conlleva sus propios retos. En efecto, existe el peligro de esencializar la *feminidad,* como si todas las mujeres, en todas partes y desde siempre, participaran del mismo conjunto eterno de atributos que las diferencia de los varones. Está claro que no es así. Es esta línea de pensamiento la que retoma el paradigma de la interseccionalidad, pues parte del supuesto de que las experiencias de las mujeres pueden ser muy diferentes entre sí en función de su condición de clase, su etnia, su contexto cultural y su religión, su edad y su orientación sexual. El pensamiento interseccional critica el hecho de que la mayoría de los libros del siglo XX sobre arquitectas, tanto en el pensamiento igualitario como en el constructivista, tratan de mujeres blancas, heterosexuales y de clase media o alta. De hecho, la mayoría de ellos se centran en mujeres blancas heterosexuales privilegiadas, ya sea como arquitectas o como clientas, activistas o críticas. Mientras que la cuestión de la clase social ha estado muy presente en la historia social y la teoría crítica desde el periodo de entreguerras y ha tenido bastante influencia en la historia del arte y la arquitectura —especialmente en pensadores neomarxistas, como Tafuri o Tzonis—, no se consideró un factor importante en la historiografía de la arquitectura feminista hasta la década de los 90.

Previamente, en la década de los 80, pensadoras negras y/o lesbianas empezaron a cuestionar los discursos feministas anteriores —los de Beauvoir o Friedman, por ejemplo—, porque consideraron que estos discursos no representaban la vida de las mujeres negras y/o lesbianas. La filósofa lesbiana blanca francesa Monique Wittig afirmaba que «la sociedad lesbiana destruye el hecho artificial (social) que constituye a las mujeres como un "grupo natural"»[20] y que muchos escritos feministas asumían acríticamente «que la base o el origen de la sociedad humana está fundamentado necesariamente en la heterosexualidad»[21]. De hecho, afirmaba que el concepto patriarcal de *mujer* sólo tenía sentido en un sistema heterosexual, por lo que «las lesbianas no son mujeres»[22]. Paralelamente, las feministas negras señalaron el racismo estructural incrustado en las narrativas normativas, porque se basaban en «la creencia en la superioridad inherente de una raza con respecto a las demás y,

---

20. Monique Wittig, *El pensamiento heterosexual y otros ensayos,* trad. por Javier Sáez y Paco Vidarte, colección G (Barcelona-Madrid: Egales, 2006), 31.
21. Wittig, *El pensamiento heterosexual y otros ensayos,* 33.
22. Wittig, *El pensamiento heterosexual y otros ensayos,* 57.

por tanto, en su derecho a dominar»[23]. La activista lesbiana negra afroamericana y poetisa Audre Lorde explicó además:

> Si las mujeres blancas olvidan los privilegios inherentes a su raza y definen a la *mujer* basándose exclusivamente en su propia experiencia, las mujeres de Color se convierten en las «otras», en extrañas cuya experiencia y tradición son demasiado «ajenas» para poder comprenderlas.[24]

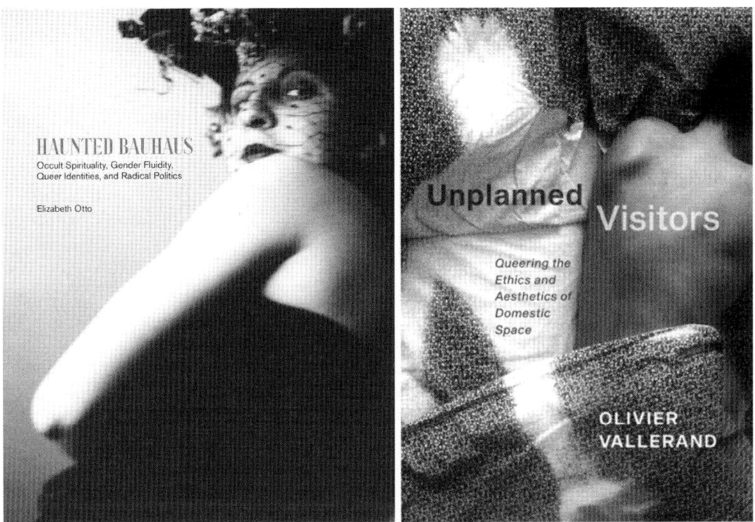

Figura 4. [Izda.] Portada del libro *Haunted Bauhaus: Occult Spirituality, Gender Fluidity, Queer Identities, and Radical Politics,* de Elizabeth Otto (Cambridge, Mass.-Londres: The MIT Press, 2019). [Dcha.] Portada del libro *Unplanned Visitors: Queering the Ethics and Aesthetics of Domestic Space,* de Olivier Vallerand (Montreal-Kingston-Londres-Chicago: McGill-Queen's University Press, 2020).

Tener en cuenta la orientación sexual en la historiografía de la arquitectura amplía y expande el debate, como se hace visible en el feminismo actual de la cuarta ola. Añade más capas de diversidad a los puntos de inflexión históricos de la historia canónica, como demuestran libros como *Haunted Bauhaus: Occult Spirituality, Gender Fluidity, Queer Identities, and Radical Politics,* de Elizabeth Otto, o *Unplanned Visitors: Queering the Ethics and Aesthetics of Domestic Space,* de Olivier Vallerand (fig. 4). Del mismo modo,

23. Audre Lorde, *La hermana, la extranjera. Artículos y conferencias,* trad. por María Corniero, colección «La cosecha de nuestras madres», n.º 2 (Madrid: Horas y Horas, 2003), 123.

24. Lorde, *La hermana, la extranjera,* 126.

las experiencias afroamericanas del entorno construido están en proceso de ser recuperadas en las últimas dos décadas, principalmente en la academia estadounidense, donde destacan, entre otros, trabajos como los de Wiese, Austen, Wilson o Weiss –en todos ellos, la intersección con la historia social es inherente, ya que las opresiones de raza y clase están relacionadas entre sí en esos momentos de la historia–. Algunos de ellos también se centran en las experiencias de las mujeres negras como educadoras, como el trabajo de Angel David Nieves, o como habitantes de su propio *homeplace,* como los estudios de Rebecca Siefert. Las arquitectas de color y su contribución a la arquitectura moderna son igualmente objeto de investigaciones en curso, como muestran las aportaciones de Anooradha Iyer Siddiqi o Kathleen James-Chakraborty, entre otras.

Típico de esta cuarta ola es el uso de recursos digitales para visibilizar investigaciones, explorando así formatos no académicos tradicionales. Un ejemplo instructivo es el sitio web *Pioneering Women of American Architecture,* editado por Mary McLeod y Victoria Rosner, donde se publican artículos sobre arquitectas pioneras, incluyendo también mujeres de raza negra, como Beverly L. Greene, la primera mujer arquitecta afroamericana con licencia para ejercer en Estados Unidos.

Estos enfoques *queer* y raciales de reciente aparición cuestionan, amplían y complican la historia de la arquitectura, desmantelando así el canon al plantear preguntas radicales sobre «¿quién queda fuera?». Su alianza con el pensamiento feminista es, por tanto, clara y merece ser aceptada. Sin embargo, hay que ser consciente de que centrarse en la homosexualidad o en la raza podría desviar la atención de las mujeres como agentes de la historia. De hecho, no es impensable que los enfoques *queer* y raciales puedan estar sesgados por el género; y esta es una cuestión con la que hay que tener cuidado. Como señala Griselda Pollock, el reconocimiento de la diferencia sexual debe «entenderse como una estructura social que posiciona asimétricamente a hombres y mujeres en relación con el lenguaje, con el poder social y económico y con el significado»[25]. Esta diferencia de condición puede reconocerse en todas las razas y orientaciones sexuales. Otro factor que complica la situación es que las personas no binarias se sitúan socialmente en otra «alteridad», por lo tanto, en una condición social diferente a la de aquellos que se identifican como varones o como mujeres. Para las autoras de este texto, todas estas diferencias deben tenerse en cuenta de manera justa, por lo que pensamos que el pensamiento de la igualdad, el pensamiento de la

---

25. Pollock, *Vision and Difference,* 56.

diferencia, el pensamiento constructivista y el pensamiento interseccional deben entrelazarse para acercarse a una historia completa y verdadera de la arquitectura.

LA ARQUITECTURA NO ES (SOLO) UN ARTE

Dado que la profesión de arquitecto no es en todos los aspectos similar a la de los artistas, las historiadoras feministas de la arquitectura se enfrentan a retos distintos de los de las historiadoras del arte. El hecho de centrarse en las arquitectas pone de manifiesto –incluso más que en el caso de las artistas– que la historia de la arquitectura dominante se basa en un *ethos* de la arquitectura muy estrecho y muy específico *(masculinista)* construido sobre la figura del arquitecto como (único) autor de una obra. Este enfoque tiende a ignorar las condiciones sociales y políticas de la arquitectura, así como su estructura profesional, con socios y colaboraciones, o su imbricación con otros campos profesionales como la ingeniería. Una cosa es nombrar esta especificidad y otra muy distinta cambiarla.

En Europa, el 30 % de los arquitectos se describen a sí mismos como socios principales de su estudio, lo que hace de este el mayor grupo de empleo de la profesión. Otro 9 % de los arquitectos se describen como autónomos, con cifras significativas en Bélgica, España y Portugal[26]. Estos datos concuerdan con la idea tradicional del arquitecto como profesional liberal individual. No obstante, al investigar sobre arquitectas, la cuestión de trabajar en solitario se vuelve problemática. En efecto, la mayoría de las pioneras no ejercieron la profesión por cuenta propia, sino en compañía de colegas masculinos (Lilly Reich con Mies van der Rohe, Charlotte Perriand con Le Corbusier, Aino con Alvar Aalto, Alison con Peter Smithson…). Las historias de la compensación demuestran que muchos de los edificios que antes se consideraban diseños de un solo arquitecto, en realidad, surgieron de la estrecha colaboración entre él y su compañera, lo que lleva a preguntarse si la «compañera» era solo una ayudante o si debería describirse mejor como una coautora en toda regla. En este último caso, sin embargo, la idea misma de autoría *única* se vuelve cuestionable, poniendo en tela de juicio uno de los principios fundacionales de la disciplina: el concepto de *autoría.* Esto no es algo que se acepte fácilmente en la cultura arquitectónica, y consecuentemente

---

26. Architects' Council of Europe, *The Architectural Profession in Europe 2020: A Sector Study* (Bruselas: Architects' Council of Europe; Ford, W. Sussex: Mirza & Nacey Research, 2021), 15, consultado 20 de noviembre de 2022, https://www.ace-cae.eu/fileadmin/user_upload/2020ACESECTORSTUDY.pdf.

muchos de los conocimientos generados por las historias de la compensación se ignoran en lugar de normalizarse, como demuestran los manuales de arquitectura tradicionales.

La cuestión de la autoría se convierte en un reto cuando varones y mujeres trabajan juntos al frente de un estudio de arquitectura. ¿Cómo diferenciar la contribución de las mujeres en un diseño arquitectónico en coautoría? El reto aumenta si la empresa tiene empleados de ambos sexos. Según el Architects' Council of Europe, los arquitectos asalariados representan el 29 %, siendo países como Noruega, Suecia y Polonia los que cuentan con un mayor número. ¿Es posible diferenciar la contribución entre arquitectos asalariados y socios principales? ¿Es posible hacerlo por género? En realidad, la pregunta en sí misma siempre pasa por alto el hecho de que la arquitectura surge de los esfuerzos conjuntos de un gran grupo de personas, no solo de los arquitectos, sino también de los ingenieros, el supervisor de la obra, el contratista, los trabajadores, los clientes y los usuarios[27]. Como afirman algunas historiadoras feministas, la cuestión de la autoría en la arquitectura es problemática como tal, no solo porque tiende a privilegiar la autoría masculina en solitario, sino también porque representa erróneamente el trabajo real de hacer arquitectura, que implica mucha más colaboración, interacción e interdependencia de lo que explica el modo de autor único. Como afirma Julie Willis: «La historia de la arquitectura dominante no ha incluido la contribución de las mujeres dentro del canon de los grandes hombres / grandes edificios, ni siquiera junto a él»[28].

Un segundo reto importante es la identificación tradicional de la arquitectura con un objeto físico de nueva construcción. Esta identificación supone que prácticas profesionales como, por ejemplo, las desarrolladas por colectivos feministas como Matrix o Taking Place —cuyo trabajo se centra en facilitar la relación de las mujeres con el entorno construido— no se registran como importantes en las historiografías convencionales (fig. 5). De hecho, hay mucho trabajo ligado al entorno construido, y desarrollado en un segundo plano, que se ignora en las historiografías. Como indica el Architects' Council of Europe, el sector público contrata al 13 % de los arquitectos europeos, siendo el mayor empleador en Dinamarca y Finlandia. La mayoría de los arquitectos del sector público se ocupan de tareas administrativas, altos niveles de burocracia, planificación y diseño urbano para Ayuntamientos u

27. Hilde Heynen, «Genius, Gender and Architecture: The Star System as Exemplified in the Pritzker Prize», *Architectural Theory Review* 17, n.º 2-3, *Women, Practice, Architecture* (2012): 338, doi: 10.1080/13264826.2012.727443.

28. Willis, «Invisible Contributions», 57.

otras Administraciones, conservación y restauración del patrimonio arquitectónico, entre otros ámbitos de actuación. Por lo general, el resultado de su trabajo no son nuevos edificios, sin embargo, estos trabajos forman parte integral de lo que es la profesión de la arquitectura. Afortunadamente, tendencias recientes están comenzando a reconocer estas tareas, como muestra la colección especial Architecture and Bureaucracy. Es gratificante ver que, efectivamente, algunos historiadores de la arquitectura están ampliando el campo hacia estos roles menos visibles.

Figura 5. [Izda.] Portada del libro del colectivo radical feminista Matrix, *Making Space: Women and the Man-Made Environment* (Londres-Sídney: Pluto Press, 1984); [dcha.] portada de la reedición publicada con motivo de su 50 aniversario (Londres-Nueva York: Verso, 2022).

Otro reto importante es estudiar la contribución a la sociedad de las mujeres formadas como arquitectas que ejercen otras profesiones. La enseñanza de la arquitectura no es tan monolítica como la de otros campos puros, como las matemáticas o la física. Incluso a través de su divergencia en diferentes tradiciones (*beaux-arts,* politécnica, artesanal…), la enseñanza de la arquitectura proporciona una amplia gama de conocimientos en relación con las artes y las humanidades, las ciencias sociales y la tecnología que sitúan a las arquitectas como profesionales con una formación holística en un mercado laboral cada vez más especializado. Estos conocimientos interdisciplinares suelen ser apreciados en otros ámbitos complejos, ofreciendo oportunidades laborales y salidas creativas. Esto también podría entenderse como una contribución positiva a la sociedad, más que como el triste resultado de prácticas discriminatorias dentro de la profesión. Habitualmente, las historiadoras feministas de la arquitectura ven a las mujeres que no ejercen la profesión como síntoma de una desigualdad en el desarrollo de sus carreras profesionales; sin embargo, no ejercer como arquitectas (tradicionales) no es sinónimo de deserción. Podemos encontrar ejemplos de mujeres arquitectas que desarrollan su carrera como fotógrafas, diseñadoras de moda, escenógrafas, publicistas de *marketing,* entre otras muchas posibilidades, como se mostró en el congreso «Mujeres y Arquitecturas. Hacia una profesión igualitaria»[29]. Tal vez, como investigadoras feministas, deberíamos redefinir la comprensión tradicional de lo que significa convertirse en arquitecta y abrazar otros múltiples roles.

Sin embargo, no es sencillo para la historiografía dominante adoptar estos nuevos enfoques, ya que ello implica crear narrativas muy diferentes que no se centren en las figuras heroicas, sino en otros aspectos de la arquitectura: la producción social del espacio, su contextualización en términos de economía, política y cultura, el papel de los diferentes actores, la dinámica de poder entre ellos, las sinergias con otros campos creativos, etc. Muchos historiadores (canónicos) pensarían que esto ya no sería «historia de la arquitectura», sino otra cosa: historia urbana quizá, o historia de la moda, o historia económica.

En cuanto a la relación entre la arquitectura y otros campos, hay que reconocer que, durante las últimas décadas, las arquitectas y urbanistas feministas que trabajan en el sector público o colaboran con él han ganado terreno en la introducción de una perspectiva de género. Cabe mencionar, por ejemplo, el trabajo de Ursula Bauer y Eva Kail en la ciudad de Viena, en Austria; de Zaida Muxí e Inés Sánchez de Madariaga en las ciudades de Barcelona y Madrid, en España, o de Ana Falú en la ciudad de Córdoba, en Argentina. Habitualmente, estos trabajos vienen acompañados de un fuerte conocimiento teórico sobre las relaciones de género y poder en la ciudad, como las reivindicaciones de relevantes pensadoras, activistas feministas y académicas como Jane Jacobs, Dolores Hayden o Kathryn H. Anthony, entre muchas otras. Asimismo, mujeres urbanistas trabajando en conjunto con mujeres geógrafas y politólogas, principalmente, están creando nuevos conceptos teóricos, tales como *urbanismo de género, ciudad feminista* o *ciudad*

---

29. Lucía C. Pérez-Moreno, ed., *Mujeres y Arquitecturas. Hacia una profesión igualitaria* (Zaragoza: Servicio de Publicaciones de la Universidad de Zaragoza, 2021), doi:10.26754/uz.978-84-18321-25-2.

cuidadora, que están cambiando las políticas y las gobernanzas en el diseño de metodologías, manuales y guías para ciudades y barrios más habitables, sostenibles, seguros e inclusivos (fig. 6). Este tipo de obras se ven impactadas por varios de los paradigmas que hemos mencionado, desde el paradigma de la igualdad pasando por el constructivista, hasta el pensamiento de la diferencia. La mayoría de estas profesionales son profesoras de Urbanismo en diferentes Escuelas de Arquitectura, alineando sus metodologías docentes con sus prácticas profesionales y, con ello, influyendo en las nuevas generaciones de profesionales de la arquitectura.

Figura 6. [Izda.] Portada del libro *Feminist City: Claiming Space in a Man-Made World,* de Leslie Kern (Londres-Nueva York: Verso, 2020). [C.] Portada del libro *Care and the City: Encounters with Urban Studies,* de Angelika Gabauer, Sabine Knierbein, Nir Cohen, Henrik Lebuhn, Kim Trogal, Tihomir Viderman y Tigran Haas, eds. (Nueva York-Londres: Routledge, 2022). [Dcha.] Portada del libro *La ciudad de los cuidados,* de Izaskun Chinchilla (Madrid: Catarata, 2020).

El estudio de este tipo de trabajos y de cómo ellas –sin construir nuevos edificios– contribuyen al desarrollo de la profesión de una manera positiva debe estar en la agenda de las historiadoras de la arquitectura. A menudo, este trabajo está evolucionando en relación con las preocupaciones actuales sobre el cambio climático y, por lo tanto, sus enfoques se están desarrollando bajo comprensiones teóricas de nuestras sociedades de pensadoras ecofeministas, como Alicia Puleo, y poshumanistas, como Rosi Braidotti. Este posicionamiento implica, entre otras cosas, el desmantelamiento del dualismo civilización-naturaleza: supone romper la jerarquía del «hombre civilizado» como agente superior al planeta tierra y cuestionar las acciones del «gran arquitecto» sólo como parte del proceso de «civilización». Como señala la politóloga Joan Tronto:

> En lugar de pensar en los edificios como cosas, pensar en ellos como relaciones –con los entornos en curso, las personas, la flora y la fauna– que existen tanto en el tiempo como en el espacio cambia fundamentalmente el enfoque. […] ahora necesitamos una arquitectura que cumpla las tareas básicas de compartir responsabilidades para cuidar nuestro mundo, una arquitectura que sea sensible a los valores de reparación, de preservación, de mantenimiento de todas las formas de vida y del propio planeta.[30]

En paralelo, y como parte de una historia feminista de las mujeres en la arquitectura, es necesario desarrollar una reconceptualización de lo que es la arquitectura. Tomamos aquí una pista del libro seminal de la filósofa Rosi Braidotti, *Nomadic Subjects* (1994), que sostiene que es necesario «convertir las tradiciones culturales y las modalidades cognitivas de las mujeres en una fuente de afirmación positiva de otros valores»[31]. Así pues, abogamos por investigar a las mujeres formadas en arquitectura en toda su diversidad, considerando tanto su labor como arquitectas profesionales como los muchos otros papeles que puedan optar a desempeñar en la sociedad. Esto hará necesario generar nuevos criterios y conceptos para abordar su desarrollo profesional y sus contribuciones a la sociedad, tanto dentro como fuera de la concepción tradicional de la profesión de la arquitectura.

BIBLIOGRAFÍA

Adam, Peter. *Eileen Gray: Architect/Designer.* Nueva York: Harry N. Abrams, 1987.

Adams, Annmarie, y Peta Tancred. *«Designing Women»: Gender and the Architectural Profession.* Toronto-Búfalo-Londres: University of Toronto Press, 2000.

Agarez, Ricardo Costa, Fredie Floré y Rika Devos. «The Puzzle of Architecture and Bureaucracy». *Architectural History* 65, *Special Collection: Architecture and Bureaucracy* (2022): 1-20. doi:10.1017/arh.2022.1.

Anstey, Tim, Katja Grillner y Rolf Hughes, eds. *Architecture and Authorship.* Londres: Black Dog Publishing, 2007.

---

30. Joan C. Tronto, «Caring Architecture», en *Critical Care: Architecture and Urbanism for a Broken Planet,* ed. por Angelika Fitz y Elke Krasny (Viena: Architekturzentrum Wien; Cambridge, Mass.-Londres: The MIT Press, 2019), 28, doi:10.7551/mitpress/12273.003.0004.

31. Braidotti, *Feminismo, diferencia sexual y subjetividad nómade,* 15.

Anthony, Kathryn H. *Designing for Diversity: Gender, Race, and Ethnicity in the Architectural Profession*. Urbana-Chicago: University of Illinois Press, 2001.

Architects' Council of Europe. *The Architectural Profession in Europe 2020: A Sector Study*. Bruselas: Architects' Council of Europe; Ford, W. Sussex: Mirza & Nacey Research, 2021. Consultado 20 de noviembre de 2022. https://www.ace-cae.eu/fileadmin/user_upload/2020ACESECTORSTUDY.pdf.

Austen, Ben. *High-Risers: Cabrini-Green and the Fate of American Public Housing*. Nueva York-Londres-Toronto-Sídney: Harper, 2018.

Barsac, Jacques. *Charlotte Perriand: Complete Works*. 4 vols. París: Archives Charlotte Perriand; Zúrich: Scheidegger & Spiess, 2015-2019.

Battersby, Christine. *Gender and Genius: Towards a Feminist Aesthetics*. Londres: Women's Press, 1989.

Bauer, Ursula. «Gender Mainstreaming in Vienna. How the Gender Perspective Can Raise the Quality of Life in a Big City». *Kvinder, Køn & Forskning,* n.º 3-4, *Gendering Climate Change* (2009): 64-70. doi:10.7146/kkf.v0i3-4.27973.

Beauvoir, Simone de. *Le deuxième sexe*. 2 vols. París: Gallimard, 1949. Edición española: *El segundo sexo*. Traducido por Alicia Martorell. Colección Feminismos, n.º 85. Madrid: Cátedra; Valencia: Publicacions de la Universitat de València, 2005. Edición en inglés: *The Second Sex*. Traducido por Constance Borde y Sheila Malovany-Chevallier. Nueva York: Alfred A. Knopf, 2010.

Betsky, Aaron, ed. *Zaha Hadid: The Complete Buildings and Projects*. Londres: Thames & Hudson, 1998.

Bloomer, Jennifer. «The Matter of the Cutting Edge». *Assemblage,* n.º 27, *Tulane Papers: The Politics of Contemporary Architectural Discourse* (agosto 1995): 106-111. doi:10.2307/3171436.

Boutelle, Sara Holmes, y Richard Barnes. *Julia Morgan: Architect*. Nueva York: Abbeville Press, 1998.

Braidotti, Rosi. *Nomadic Subjects: Embodiment and Sexual Difference in Contemporary Feminist Theory*. Gender and Culture Series. Nueva York: Columbia University Press, 1994.

— *Feminismo, diferencia sexual y subjetividad nómade*. Traducido por Gabriela Ventureira y María Luisa Femenías. Colección Libertad y Cambio. Barcelona: Gedisa, 2004.

— *Posthuman Feminism*. Cambridge, R. U.: Polity, 2022.

Chamberlain, Prudence. *The Feminist Fourth Wave: Affective Temporality*. Cham: Palgrave Macmillan, 2017.

Chinchilla, Izaskun. *La ciudad de los cuidados*. Colección Arquitecturas. Madrid: Catarata, 2020.

Cole, Doris. *From Tipi to Skyscraper: A History of Women in Architecture*. Cambridge, Mass.-Londres: The MIT Press, 1978. Edición original: *From Tipi to Skyscraper: A History of Women in Architecture*. I Press Series on the Human Environment. Boston, Mass.: I Press; Nueva York: G. Braziller, 1973.

Constant, Caroline, y Wilfried Wang, eds. *Eileen Gray: An Architecture for All Senses*. Tübingen: Ernst J. Wasmuth; Frankfurt am Main: Deutsches

Architektur-Museum; Cambridge, Mass.: Harvard University Graduate School of Design, 1996. Catálogo de la exposición.

Crenshaw, Kimberlé. «Demarginalizing the Intersection of Race and Sex: A Black Feminist Critique of Antidiscrimination Doctrine, Feminist Theory and Antiracist Politics». *The University of Chicago Legal Forum*, n.º 1, *Feminism in the Law: Theory, Practice and Criticism* (1989): Art. 8, 139-167. https://chicagounbound.uchicago.edu/uclf/vol1989/iss1/8.

Fainstein, Susan S., y Lisa J. Servon, eds. *Gender and Planning: A Reader*. New Brunswick, N. J.-Londres: Rutgers University Press, 2005.

Falú, Ana, ed. *Ciudades para varones y mujeres. Herramientas para la acción*. Córdoba, Rep. Argentina: Centro de Intercambio y Servicios para el Cono Sur Argentina (CISCSA), 2002.

Friedman, Alice T. *Women and the Making of the Modern House: A Social and Architectural History*. Nueva York: Harry N. Abrams, 1998.

Gabauer, Angelika, Sabine Knierbein, Nir Cohen, Henrik Lebuhn, Kim Trogal, Tihomir Viderman y Tigran Haas, eds. *Care and the City: Encounters with Urban Studies*. Nueva York-Londres: Routledge, 2022. doi:10.4324/9781003031536.

Gray, Eileen, y Jean Badovici. «De l'éclectisme au doute». *L'Architecture Vivante*, n.º 25-26 (otoño-invierno 1929): 17-21. Traducción al inglés, a cargo de Deborah F. Nevins: «From Eclecticism to Doubt». *Heresies*, n.º 11, *Making Room: Women and Architecture* (1981): 71-72.

Hayden, Dolores. Reseña de *From Tipi to Skyscraper: A History of Women in Architecture*, de Doris Cole (Boston, Mass.: I Press, 1973). *Journal of the Society of Architectural Historians* 34, n.º 4 (diciembre 1975): 326. doi:10.2307/989018.

— «What Would a Non-Sexist City Be Like? Speculations on Housing, Urban Design, and Human Work». *Signs* 5, n.º 3, *Women and the American City* (primavera 1980): 170-187. https://www.jstor.org/stable/3173814.

— *The Grand Domestic Revolution: A History of Feminist Designs for American Homes, Neighborhoods, and Cities*. Cambridge, Mass.-Londres: The MIT Press, 1981. Edición española: *La gran revolución doméstica. Una historia de los proyectos feministas para hogares, barrios y ciudades estadounidenses*. Traducido por Moisés Puente y Héctor García Carda. Colección Teoría e Historia. Barcelona: Puente Editores, 2023.

— *The Power of Place: Urban Landscapes as Public History*. Cambridge, Mass.-Londres: The MIT Press, 1995.

Heynen, Hilde. «Gender and Architecture: A Review of the Literature». *J.UCY. Journal of Architecture of the University of Cyprus*, n.º 2 (2011): 158-177.

— «Genius, Gender and Architecture: The Star System as Exemplified in the Pritzker Prize». *Architectural Theory Review* 17, n.º 2-3, *Women, Practice, Architecture* (2012): 331-345. doi:10.1080/13264826.2012.727443.

— y Lucía C. Pérez-Moreno. «Narrating Women Architects' Histories. Paradigms, Dilemmas, and Challenges». *arq.Urb,* n.º 35 (septiembre-diciembre 2022): 110-122. doi:10.37916/arq.urb.vi35.635.

Instituto de Arquitectura de Euskadi. «Eileen Gray: E.1027». Instituto de Arquitectura de Euskadi (sitio web). Consultado 20 de noviembre de 2022. https://eai.eus/?exhibitions=eileen-gray-e-1027&lang=es#.

Jacobs, Jane. *The Death and Life of Great American Cities.* Nueva York: Random House, 1961.

James-Chakraborty, Kathleen. «Expanding Agency: Women, Race and the Dissemination of Modern Architecture». *Zarch,* n.º 18, *Mujeres, prácticas feministas y profesionales alternativos en la arquitectura* (junio 2022): 16-29. doi:10.26754/ojs_zarch/zarch.2022186967.

Kahn, Andrea. «Overlooking: A Look at How We Look at Site or… Site as "Discrete Object" of Desire». En *Desiring Practices: Architecture, Gender and the Interdisciplinary,* editado por Katerina Rüedi, Sarah Wigglesworth y Duncan McCorquodale, 174-185. Londres: Black Dog Publishing, 1996.

Kern, Leslie. *Feminist City: Claiming Space in a Man-Made World.* Londres-Nueva York: Verso, 2020.

Lange, Torsten, y Lucía C. Pérez-Moreno. «Architectural Historiography and Fourth Wave Feminism». *Architectural Histories* 8, n.º 1 (2020): Art. 26, 1-10. doi:10.5334/ah.563.

Lerner, Gerda. «Placing Women in History: Definitions and Challenges». *Feminist Studies* 3, n.º 1/2 (otoño 1975): 5-14. doi:10.2307/3518951.

Lima, Zeuler Rocha Mello de Almeida. *Lina Bo Bardi.* New Haven-Londres: Yale University Press, 2013.

Lorde, Audre. *Sister Outsider: Essays and Speeches.* The Crossing Press Feminist Series. Berkeley: Crossing Press, 1984. Edición española: *La hermana, la extranjera. Artículos y conferencias.* Traducido por María Corniero. Colección «La cosecha de nuestras madres», n.º 2. Madrid: Horas y Horas, 2003.

Matrix. *Making Space: Women and the Man-Made Environment.* Londres-Sídney: Pluto Press, 1984. Reedición, con motivo de su 50 aniversario: *Making Space: Women and the Man-Made Environment.* Londres-Nueva York: Verso, 2022.

McQuaid, Matilda. *Lilly Reich: Designer and Architect.* Nueva York: The Museum of Modern Art, 1996. Catálogo de la exposición.

Merrett, Andrea J., Inés Toscano y Olivier Vallerand. «Reviews for the Special Collection on Architectural Historiography and Fourth Wave Feminism 2020». *Architectural Histories* 8, n.º 1 (2020): Art. 25, 1-7. doi:10.5334/ah.560.

Montaner, Josep Maria, y Zaida Muxí. *Arquitectura y política. Ensayos para mundos alternativos.* Barcelona: Gustavo Gili, 2011.

Muxí Martínez, Zaida, coord. *Postsuburbia. Rehabilitación de urbanizaciones residenciales monofuncionales de baja densidad.* Barcelona: Comanegra, 2013.

Nieves, Angel David. *An Architecture of Education: African American Women Design the New South.* Colección Gender and Race in American History, n.º 7. Rochester, N. Y.: University of Rochester Press, 2018.

Nochlin, Linda. «Why Have There Been No Great Women Artists?». *ARTnews,* 30 de mayo de 2015. https://www.artnews.com/art-news/retrospective/why-have-there-been-no-great-women-artists-4201/. Originalmente publicado en la entrega de enero de 1971.

Oliveira, Olivia de. *Subtle Substances: The Architecture of Lina Bo Bardi.* Traducido por Mark N. Gimson. Barcelona: Gustavo Gili; São Paulo: Romano Guerra, 2006.

Otto, Elizabeth. *Haunted Bauhaus: Occult Spirituality, Gender Fluidity, Queer Identities, and Radical Politics.* Cambridge, Mass.-Londres: The MIT Press, 2019.

Pepchinski, Mary. «Gender and Return Migration: Karola Bloch and the Development of Standard Childcare Typologies in the German Democratic Republic, 1949-1961». En *Ideological Equals: Women Architects in Socialist Europe 1945-1989,* editado por Mary Pepchinski y Mariann Simon, 107-122. Londres-Nueva York: Routledge, 2017. doi:10.4324/9781315587776.

Pérez-Moreno, Lucía C., ed. *Mujeres y Arquitecturas. Hacia una profesión igualitaria.* Zaragoza: Servicio de Publicaciones de la Universidad de Zaragoza, 2021. doi:10.26754/uz.978-84-18321-25-2.

— «Prácticas feministas en la arquitectura española reciente. Igualitarismos y diferencia sexual». *Arte, Individuo y Sociedad* 33, n.º 3 (2021): 651-668. doi:10.5209/aris.67168.

Pollock, Griselda. *Vision and Difference: Femininity, Feminism, and Histories of Art.* Londres-Nueva York: Routledge, 1988.

Puleo, Alicia H., ed. *Ecología y género en diálogo interdisciplinar.* Colección Moral, Ciencia y Sociedad en la Europa del Siglo XXI, n.º 6. Pozuelo de Alarcón: Plaza y Valdés Editores, 2015.

Rubino, Silvana. «A Capital before Brasilia: The Modern City of Carmen Portinho». En *Women's Creativity since the Modern Movement (1918-2018): Toward a New Perception and Reception,* editado por Helena Serazin, Caterina Franchini y Emilia Garda, 933-940. Liubliana: Založba ZRC, 2018. doi:10.3986/9789610501060.

Saint, Andrew. *The Image of the Architect.* New Haven-Londres: Yale University Press, 1983.

Sánchez de Madariaga, Inés, dir. *Matilde Ucelay Maórtua. Una vida en construcción. Premio Nacional de Arquitectura.* Madrid: Ministerio de Fomento, 2012.

— y Marion Roberts, eds. *Fair Shared Cities: The Impact of Gender Planning in Europe.* Londres-Nueva York: Routledge, 2016. doi:10.4324/9781315581835.

— y Michael Neuman, eds. *Engendering Cities: Designing Sustainable Urban Spaces for All.* Nueva York-Londres: Routledge, 2020. doi:10.4324/9781351200912.

Siddiqi, Anooradha Iyer. «Crafting the Archive: Minnette De Silva, Architecture, and History». *The Journal of Architecture* 22, n.º 8 (2017): 1299-1336. doi:10.1080/13602365.2017.1376341.

Siefert, Rebecca. «The Women of Chicago Public Housing. Architects of Their Own "Homeplace"». *Zarch,* n.º 18 (junio 2022): 198-209. doi:10.26754/ojs_zarch/zarch.2022185884.

Siegele, Bettina. «Karola Bloch in East Germany (GDR, 1950-55). Standardisation of Childcare Facilities as a Women's Emancipatory Tool». *Zarch,* n.º 18 (junio 2022): 122-133. doi:10.26754/ojs_zarch/zarch.2022186188.

Stratigakos, Despina. *Where Are the Women Architects?* Colección Places Books. Princeton, N. J.-Oxford: Princeton University Press, 2016.

Sturm, Ulrike, Stephanie Tuggener, Doris Damyanovic y Eva Kail. «Gender Sensitivity in Neighbourhood Planning: The Example of Case Studies from Vienna and Zurich». En *Gendered Approaches to Spatial Development in Europe: Perspectives, Similarities, Differences,* editado por Barbara Zibell, Doris Damyanovic y Ulrike Sturm, 124-156. Colección Routledge Studies in Gender and Environments. Londres-Nueva York: Routledge, 2019. doi:10.4324/9780429503818-9.

Tafuri, Manfredo. *Architecture and Utopia: Design and Capitalist Development.* Traducido del italiano por Barbara Luigia La Penta. 7.ª ed. Cambridge, Mass.-Londres: The MIT Press, 1990.

Thomas, Katie Lloyd, y Taking Place. «The Other Side of Waiting». *Feminist Review,* n.º 93, *Birth* (2009): 122-127. http://www.jstor.org/stable/40664059.

Torre, Susana, ed. *Women in American Architecture: A Historic and Contemporary Perspective.* Nueva York: Whitney Library of Design, 1977. Catálogo de la exposición.

— «Women in American Architecture. A Historic and Contemporary Perspective | 1976-1977». Susana Torre (sitio web). Consultado 20 de noviembre de 2022. https://www.susanatorre.net/architecture-and-design/making-room-for-women/women-in-american-architecture/.

Tronto, Joan C. «Caring Architecture». En *Critical Care: Architecture and Urbanism for a Broken Planet,* editado por Angelika Fitz y Elke Krasny, 26-32. Viena: Architekturzentrum Wien; Cambridge, Mass.-Londres: The MIT Press, 2019. doi:10.7551/mitpress/12273.003.0004.

Tzonis, Alexander. *Towards a Non-Oppressive Environment: An Essay.* I Press Series on the Human Environment. Boston, Mass.: I Press; Nueva York: G. Braziller, 1972.

Vallerand, Olivier. *Unplanned Visitors: Queering the Ethics and Aesthetics of Domestic Space.* Montreal-Kingston-Londres-Chicago: McGill-Queen's University Press, 2020.

Védrenne, Élisabeth. *Charlotte Perriand.* Traducido del francés por Linda Jarosiewicz. Nueva York: Assouline, 2005.

Weisman, Leslie Kanes. *Discrimination by Design: A Feminist Critique of the Man-Made Environment.* Urbana-Chicago: University of Illinois Press, 1992.

Weiss, Ellen. *Robert R. Taylor and Tuskegee: An African American Architect Designs for Booker T. Washington.* Montgomery, Ala.: NewSouth Books, 2011.

Werle, Shannon. «Meet Two Pioneering Black Women Architects». *Columbia News,* 28 de enero de 2021. Consultado 20 de noviembre de 2022. https://news. columbia.edu/news/meet-pioneering-black-women-architects.

Wiese, Andrew. *Places of Their Own: African American Suburbanization in the Twentieth Century.* Chicago-Londres: University of Chicago Press, 2004.

Willis, Julie. «Invisible Contributions: The Problem of History and Women Architects». *Architectural Theory Review* 3, n.º 2 (1998): 57-68. doi:10.1080/13264829809478345.

Wilson, Mabel O. *Negro Building: Black Americans in the World of Fairs and Museums.* Berkeley-Los Ángeles-Londres: University of California Press, 2012.

Wittig, Monique. *El pensamiento heterosexual y otros ensayos.* Traducido por Javier Sáez y Paco Vidarte. Colección G. Barcelona-Madrid: Egales, 2006.

— «One Is Not Born a Woman». En *Feminist Theory Reader: Local and Global Perspectives,* editado por Carole R. McCann y Seung-kyung Kim, 282-287. 4.ª ed. Nueva York-Londres: Routledge, 2017. doi:10.4324/9781315680675-47.

— «The Straight Mind». En *Out There: Marginalization and Contemporary Cultures,* editado por Russell Ferguson, Martha Gever, Trinh T. Minh-ha y Cornel West, 51-58. Colección Documentary Sources in Contemporary Art, n.º 4. Nueva York: The New Museum of Contemporary Art; Cambridge, Mass.-Londres: The MIT Press, 1990.

Conclusiones

ANA DEL CID MENDOZA, MARTA RODRÍGUEZ ITURRIAGA,
MARÍA ZURITA ELIZALDE

Este libro ha tratado de llamar la atención sobre un tema que, a nuestro juicio, no ha recibido aún suficientes atenciones en el ámbito académico: la participación de las mujeres en la definición del espacio construido. Si bien es cierto que en las últimas décadas se está produciendo una revisión histórica e historiográfica importante, que está permitiendo sacar a la luz o, sencillamente, evidenciar el papel que ha tenido la mujer en este campo, los textos que anteceden, con su diversidad de enfoques, reflejan la amplitud y, también, la complejidad de esta laguna del conocimiento. Repasar la historia de la arquitectura y la ciudad con perspectiva de género supone enfrentarse a realidades difíciles de asimilar como los silencios prolongados de las fuentes, la desautorización, el relegamiento a ámbitos considerados más propios de lo femenino o el sometimiento, voluntario o forzado, a patrones sociales o profesionales impuestos. Las intervenciones recogidas en este libro han dado buena cuenta de estas y otras dificultades, y han puesto sobre la mesa algunas cuestiones que entendemos clave para examinar esta compleja historia desde una perspectiva crítica y rigurosa.

En primer lugar, se reconoce la inviabilidad de, en esta revisión histórica, homogeneizar la condición de mujer al margen de otros factores concurrentes. En efecto, no puede pasarse por alto que la raza, la edad, el nivel cultural y socioeconómico, la identidad de género o el lugar y la sociedad en que se vive impactan decisivamente en la percepción y la acción sobre el espacio construido, y ello sin tener en cuenta las inclinaciones personales. Si bien es cierto que la diferencia sexual establece una asimetría inicial en la experiencia del mundo, estos aspectos son asimismo influyentes. No puede hablarse, por tanto, de una condición femenina «universal», al margen del *tiempo* y el *espacio;* estas dimensiones deben ser integradas al evaluar la actividad de las mujeres en la arquitectura y las ciudades que habitamos, evitando generalizar esquemas etnocéntricos, extemporáneos o excluyentes.

Partiendo de esta realidad, de los textos anteriores se desprende, ante todo, una diferencia insoslayable: aquella entre las figuras excepcionales –las llamadas «mujeres notables»– que, en parte por su posición sociocultural y económica, pudieron desafiar los cánones vigentes y realizar aportaciones a la postre reconocidas por el sistema, y el grueso del colectivo de mujeres que, con su acatamiento pacífico de los roles asignados o con sus aproximaciones alternativas a la construcción y el habitar, quedaron fuera de los relatos oficiales, y cuya contribución a la vida doméstica, la arquitectura y la ciudad de nuestros días sigue siendo objeto de debate. Esta profunda diferencia, que lo es de actitud, de contexto y de condiciones de partida, no debería, sin embargo, traducirse en la visibilización de uno de los colectivos en detrimento del otro, sino en una mirada informada y consciente de las servidumbres de ser mujer en el pasado. Revisitar la historia de la arquitectura y la ciudad con perspectiva de género implica, pues, examinar de manera desprejuiciada lo que de valioso pudieron aportar las mujeres a este ámbito, al margen de etiquetas profesionales y de mitos sesgados y profundamente arraigados como los de la autoría única, el genio y la creación de objetos de nueva planta como principal contribución relevante. No hay que olvidar que la profesión tal y como la conocemos hoy se ha conformado históricamente desde parámetros netamente masculinos y conforme a las aspiraciones y valores de una parte de la sociedad. Con o sin formación reglada en este campo, muchos hombres fueron llamados arquitectos por sus aportaciones teóricas, diseños y construcciones, frecuentemente realizados en equipo o en colaboración con otros profesionales en mayor o menor medida invisibilizados; mientras que pocas fueron las mujeres que asumieron, persiguieron u obtuvieron esta denominación. No se trata únicamente de discriminación, infravaloración u ocultamiento –lo que, como apunta Juan Calatrava, sería simplificador–, sino también de diferencias de inquietudes, de enfoque de los procesos de trabajo, de aspiraciones socioprofesionales y de identificación con un perfil cerrado y, en cierto modo, excluyente.

Tomar consciencia de esta realidad conduce, entre otras cosas, a reconsiderar la importancia del trabajo colaborativo, gradual y acumulativo, y a mover al centro del debate actividades como el mantenimiento, el mecenazgo, el encargo, el diseño de interiores, la experimentación efímera, la humanización del espacio, la integración con otras artes o la innovación en las formas, los materiales, los elementos muebles, los procesos y los modos de habitar, entendiéndolas no como parcelas residuales o externas a la profesión, sino como prácticas transmisivas que inciden en el entorno construido y en el modo en que habitamos. La historia de la arquitectura y de la ciudad es sin duda mucho más rica, compleja y diversa de lo que los relatos más influyentes, tremendamente selectivos, nos han hecho creer. En ellos, como ha demostrado Juan Calatrava, son muy pocas las mujeres incluidas hasta los últimos años, y la mayoría lo han sido por su relación con sus compañeros masculinos o por el aceptable encaje de su perfil profesional en los moldes preestablecidos; moldes que, ya bien entrado el siglo XXI y profundamente alterada la situación de referencia, sería conveniente cuestionar.

Y es que esta imagen tradicional y monolítica de la profesión no es solo cosa del pasado, sino que repercute directamente en el presente. Como apunta Lucía C. Pérez-Moreno, es habitual que queden fuera de los circuitos mediáticos y del reconocimiento social –y, por lo tanto, de las expectativas iniciales de nuestros y nuestras estudiantes– aquellas prácticas que se distancian del perfil arquetípico de arquitecto como genio de éxito y «padre» de una amplia obra construida; figura hoy, sin embargo, claramente minoritaria. Así pues, resulta que reexaminar la historia con perspectiva de género no solo puede completar y enriquecer nuestro conocimiento del pasado, sino también ampliar y diversificar el abanico de referentes y, por tanto, de posibilidades para las nuevas generaciones, evitando, de este modo, la sensación de fracaso al encontrar inalcanzable un modelo aparentemente único y restringido desde su propia génesis. Ello parece especialmente urgente en un contexto como el actual, de continua tendencia al alza en el número de egresadas y alumnas de nuevo ingreso en los estudios de Arquitectura. Como investigadoras y como docentes, sentimos la responsabilidad de proporcionarles ejemplos alternativos para que tengan la posibilidad de construir, con confianza, su propio camino.

Muchas mujeres, como las aludidas en este libro, han dedicado sus esfuerzos a la conservación de la vida y del espacio que la alberga, la optimización de la casa, la exploración de formas y materiales en estrecho contacto con el cuerpo, el diseño de espacios orientados al bienestar de las personas, la reflexión teórica, la enseñanza o el examen crítico del espacio urbano. Especialmente en las contribuciones de Marta Llorente y Carmen Espegel, se ha puesto de manifiesto la histórica asociación de lo femenino con lo doméstico, como ámbito de estancia predilecto y campo de actuación preferente –por su intimidad, cotidianeidad, importancia en el desarrollo de la vida, etc.– o como consecuencia de un confinamiento real o ideológico; confinamiento en ocasiones acompañado de una resignada privación de espacios propios donde poder desarrollarse plenamente. Esta vinculación de la mujer con la casa aparece, por ello, en unos casos connotada positivamente –como espacio de paz, soledad productiva y expansión del yo– y, en otros, de manera negativa, como recinto de reclusión frente a las ansias de libertad. Convendría también examinar las prolongaciones o la vigencia de esta asociación en el marco de la sociedad contemporánea: ¿sigue siendo lo doméstico un ámbito esencialmente femenino, o la diversificación de los roles sociales y patrones de convivencia ha desdibujado esta conexión? ¿Disponen las mujeres de hoy de espacios personales en la vivienda? ¿Cómo habitan las mujeres de nuestro tiempo: solas, acompañadas, en vivienda propia o ajena? ¿Qué margen tienen para configurar los espacios que ocupan? ¿Están pensados para ellas o reproducen esquemas estereotipados? ¿Continúa la casa concentrando la mayor parte de las atenciones de las mujeres que desempeñan un papel activo en la definición de espacios, o se está produciendo una transferencia de inquietudes al espacio público y urbano y a otros tipos de usos? Son preguntas que nos hacemos a raíz de las contribuciones recogidas en este libro y que, a buen seguro, nuevas investigaciones responderán. Sin duda, como señala Lucía C. Pérez-Moreno, un estudio de la actividad de las mujeres egresadas en Arquitectura, en toda su diversidad, añadiría información relevante para evaluar su aportación a la sociedad y actualizar y completar el perfil de arquitecto o arquitecta, adaptándolo a nuestros días.

Estos son solo algunos de los temas e interrogantes que nos ha suscitado la lectura cruzada de los capítulos que aquí se recogen y que agradecemos a sus firmantes por su excepcional claridad didáctica y rigor académico. Esperamos que lectoras y lectores los hayan encontrado asimismo estimulantes. Para nosotras, sin duda, es una gran satisfacción ver terminado este libro con un resultado de tan alto nivel. Confiamos en que el proyecto *Mujeres en la arquitectura* tenga continuidad y que los próximos años acojan nuevas publicaciones sobre este tema para, recuperando la cita con la que Marta Llorente abría su capítulo, hacer salir la contribución de las mujeres a la arquitectura y la ciudad «del lugar de lo no pensado».

TB-2-3

TB-2-3